노을이
내게로 왔다

김도우 수필집

노을이
내게로 왔다

김도우 수필집

도서출판 두손컴

| 책머리에 |

마당에 열린 쪽문 사이로 바다의 푸른빛이 보였다.

멀리 수평선이 아스라이 펼쳐져 있었다.

갈매기 끼룩거리는 소리에 바다가 앞마당처럼 느껴졌다.

바람이 불때마다 바다내음이 났다.

쪽문 너머 보이는 바다에 노을이 물들기 시작했다.

파스텔 물감을 뿌려놓은 듯 황홀했다.

노을이 내게로 다가왔다.

1부

바다가 보이는 집

바람을 타다 ● 13
바다가 보이는 집 ● 18
물메기 ● 24
파전을 부치다 ● 30
한라의 눈꽃 ● 35
맹지 ● 40
후진 ● 45
소울 푸드 ● 50
마라도 ● 55
내가 좋아하는 곳 ● 61

2부

노을이 내게로 왔다

노을이 내게로 왔다 ● 69
설악산에서 ● 75
섣달그믐 ● 80
은을암의 새 ● 84
아파트 공화국 ● 88
인생역전 ● 93
그리움 한잔 ● 98
바람도 햇빛도 쉬어가는 황덕도 ● 103
지금은 열공 중 ● 109
영원한 오빠 ● 114

3부

쇠비름

쇠비름 ● 121
통하다 ● 126
숲 사람들 ● 130
잘 놀기 ● 137
파도타기 ● 142
팝콘이 터진다 ● 146
혼자라는 것 ● 151
찻물을 끓이며 ● 156
늪 ● 160
방, 방 ● 165

4부

바람으로 살다

바람으로 살다 ● 171
넝쿨 ● 176
먹는다는 것 ● 181
칠천도 ● 186
영화 '지니어스' ● 191
막걸리 ● 195
스쳐 지나가다 ● 200
지심도에 빠지다 ● 205
후리지아 같은 ● 211
닭 ● 216

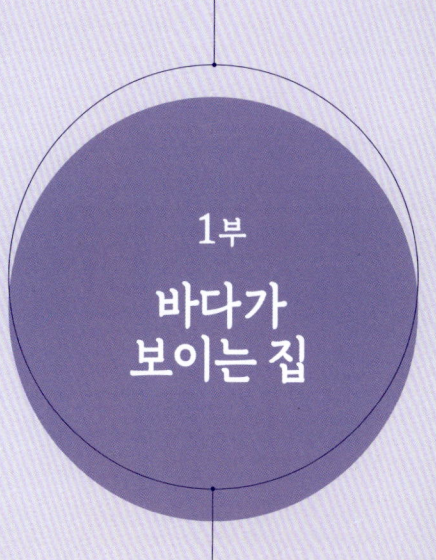

1부

바다가
보이는 집

바람을 타다

　바다에서 매서운 칼바람이 분다. 잎이 바람에 눌려 땅에 엎드려 있다. 시금치가 서로 몸을 기대어 바람을 막으려 스크럼을 짠다. 새파랗게 질리는 잎사귀, 거친 바람에 몸을 펼 수가 없다.

　바람 속에서 가끔 햇살이 비친다. 한줄기 햇살이 비칠 때 시금치는 그 틈을 타 껍질을 밀어내고 나비모양의 떡잎을 가른다. 좁은 껍질 속이 답답한지 넓은 세상에 나오려고 몸부림을 친다. 하얀 눈이 이불처럼 덮는 날에는 땅

속으로 몸을 숨기고 눈이 걷힐 때까지 기다린다.

시금치는 기우뚱한 밭에서 떠다니는 달빛과 저녁노을에 물든 금빛 물결을 친구삼아 추위를 견뎌낸다. 휘어지고 꼬부라진 땅에서 온몸으로 견뎌내는 시금치. 겨우 사람 하나 지나다닐 만한 길을 내어놓은 언덕배기 다랭이 밭. 시금치가 허리를 펴기 위해 안간힘을 쓰다보면 어느덧 해가 스르르 꼬리를 내린다.

시금치는 위로만 자라는 것이 아니다. 오리발처럼 납작하게 갈퀴를 펴고 발톱에 힘을 잔뜩 주어 흙을 움켜잡는다. 눈보라에 얼지 않으려고, 쓰러지지 않으려고 안간힘을 쓴 흔적이 역력하다. 푸른 잎을 받치고 있는 밑동이 삶의 무게로 생긴 어혈인 듯 불그죽죽한 빛깔이다. 겉으로 드러내지 않고 안으로 끌어안은 수많은 생채기, 피멍든 시금치 한 포기를 살며시 당겨보았다. 의외로 저항이 없고 주르륵 딸려 나오는 흙이 생각보다 부드럽다. 암팡지게 벌어진 잎들이 마치 허리를 조여 맨 주름치마같이 서로를 포개어 있다. 시금치는 힘들 때마다 등을 똑바로 세워 '후'하고 참았던 숨을 몰아쉬었다.

　우리 마을에 시금치처럼 자란 사내아이가 있었다. 엄마가 집을 나가고 아이는 살림을 도맡았다. 아버지는 고기잡이를 나서야했고, 사내아이는 동생을 돌보며 밥을 짓고 마을 끝에 있는 우물에서 물도 길어야했다. 겨울이면 손은 빨갛게 얼고 부르텄다. 아이는 하루하루 힘들었지만 엄마가 돌아올 것이라고 굳게 믿었다. 엄마는 첫사랑 남자를 따라 갔다는 이야기를 커서야 알게 되었다. 끝내 엄마는 돌아오지 않았고 아이는 아버지를 따라 어부가 되었다.

　시도 때도 없이 불어대는 수많은 바닷바람을 맞으며 작은 몸을 움츠렸을 아이, 엄마의 존재를 인식하기도 전에 엄마를 잃은 아이가 할 수 있었던 것은 마냥 기다리는 일이었다. 기다림이 무엇인지도 모르면서 기다렸던 시간이었다. 바람이 불면 잠잠해지기를 기다렸고, 겨울이면 봄을 기다렸고, 매일 매일 고기잡이 가신 아버지를 기다리고 기다렸다. 훈풍이 불면 기지개를 켜고 바깥으로 쪼

르르 나와 바다에 펼쳐진 하늘그림을 보는 일, 꼬무락거리며 마당으로 숨어 들어온 새끼 돌게를 손바닥에 올려놓고 노는 일이었다.

저녁노을이 온 바다를 빨갛게 덮을 때면 아이에게 바다는 너무 크고 넓었을 것이다. 바람을 피할 곳이 없던 아이는 하루에도 몇 번씩 바닷바람을 맞았으리라. 엄마가 보고 싶은 아이는 참는다는 생각보다 빨리 그 순간이 지나가기를 기다렸지 싶다.

얼었다가 녹았다가를 거듭하였던 시금치처럼 수많은 바람을 맞으며 가슴의 응어리를 풀었을 것이다. 아이는 바다의 섭리대로 그물을 던지는 어부가 되었고, 자식을 끔찍이 사랑하는 부모가 되었다. 포근한 바람보다 거친 바람이 더 많았던 아이는 피하지 않고 바람을 견디었기에 지금의 행복을 얻었다. 아이의 힘으로는 도저히 피할 수 없었던 그 바람을 가슴 깊이 받아들였기에 어떤 바람도 이해하게 되었으리라.

가장 추운 날, 시금치는 푸르고 넓은 바다 맛이 난다.

거친 바람을 맞고 붉은 빛깔의 뿌리가 되기까지 고난을 겪으며 자란 시금치 맛이 결코 싱거울 수가 없다. 시금치 맛은 수많은 어려움을 겪은 사람의 속처럼 깊고 달다.

바다가 보이는 집

 이른 아침, 털털거리는 경운기소리에 눈을 떴다. 얼마간 뒤척거리다 일어나니 해가 마당을 환하게 비추었다. 남편을 깨워 텃밭에 갔더니 아침 공기가 청량하게 느껴졌다. 며칠 전 심은 꽃씨가 움을 텄는지, 상추가 얼마나 자랐는지 살펴보았다. 흙 사이에 살짝 보이는 연두 빛이 반가워 호들갑을 떠는 나에게, 남편은 아무래도 전생에 농사꾼인 것 같다고 했다.

 요즘, 마을사람들은 마늘을 수확하느라 모두들 바빴

다. 이때는 마당에도, 창고에도, 바닷가에도, 마늘로 빈틈이 없다. 마늘이 몸 고르기에 들어갔다. 마늘을 말리기 위해서 가지런히 펼쳐놓고 비닐을 씌워둔 곳이 많았다. 잘 버티려 다부지게 아랫도리에 힘을 주고 있는 듯이 보였다. 마늘 천지 속에서 내 몸도 여물어지는 느낌이었다.

오래전부터 바다를 앞뜰 삼아 노후를 보내고 싶은 꿈이 있었다. 시골집을 구하려고 여기저기 수소문하였으나 내가 원하는 집은 좀처럼 나타나지 않았다. 한동안 마음을 접고 있을 즈음, 바닷가에 조그만 집이 나왔다고 해서 집을 보러 갔다. 할머니 혼자 사시던 집이었다 할머니께서 요양원에 계신지 수년이 되어 그동안 주인의 손길이 닿지 않아 풀이 무성하여 초췌하게 보였다.

마당구석에 있는 헛간을 들여다보았다. 그곳에 있는 녹슨 곡괭이와 갈고리, 자루 빠진 호미를 보며 분주하였을 농번기를 떠올렸다. 마당의 열린 쪽문사이로 바다의 푸른빛이 보였다. 멀리 수평선이 아스라이 펼쳐져 있었다. 갈매기 끼룩거리는 소리에 바다가 앞마당처럼 느껴졌다. 바람이 살짝 불때마다 바다 내음이 났다. 집 앞에서 낚시를 하여도 한두 마리의 고기는 너끈하게 잡혀줄 것만 같았다.

 가마솥이 있는 부엌은 불을 땐 흔적이 고스란히 남아있었다. 하얀 재가 아궁이밖에 흩어져 있었고 그을음이 천장과 벽에 덕지덕지 쌓여있었다. 벽에는 헝겊으로 기운 대나무 소쿠리가 걸려있고 설겅에는 알루미늄 그릇 두어 개가 엎드려있었다.

 문종이가 군데군데 뚫어진 방문을 열자 매캐한 불 냄새가 집주인 할머니의 체취처럼 전해졌다. 토방의 천장과 기둥은 실하게 보이는 나무들이 잘 받쳐주고 있었다. 서너사람이 누우면 될 정도의 아담한 방이었다. 군불 땐 토방에서 이웃사람들이 자주 모여 정담을 나누었다고 했다. 방이 따뜻하였던 것은 물론이고, 무엇보다 할머니께서 사람들을 편하게 해주신 탓이라는 생각이 들었다.

 많은 사람들이 집을 보러왔지만 집을 비운지 오래 되어 손볼 일이 많아서인지 쉽사리 주인이 나타나지 않았다고 했다. 그러나 토방의 불 냄새에 마음을 빼앗겨버린 나는 여러가지 문제점이 있었지만 일사천리로 계약을 했다. 시간이 걸리겠지만 하나씩 손질을 하면 집의 숨결이 살아날 것 같았다. 이보다 더 마음에 드는 집은 앞으로 나타나지 않을 것 같았다. 새로 손을 거쳐야 할 곳이 많았지만 한 가지라도 마음을 끌어당기는 것이 있으면 그래도 괜찮은 일이라고 생각하였다. 인연이 있으면 마음이 당기듯, 내 것이 되려고 눈에 콩깍지가 씌워진 것이다.

뒷마당에 조약돌과 조개껍질들이 하얗게 쌓여있었다. 자그마한 조약돌과 새하얀 조개껍질은 언제부터 이곳에 있었는지. 옛날에 이 집이 바다의 한복판에 있었던 것은 아닐까. 패총위에 둥지를 튼 나는 아주 오래전 시간으로 거슬러가고 있는 듯했다. 지난밤에는 온갖 물고기들이 헤엄쳐 다니고 색색의 산호초가 파도에 일렁이는 꿈을 꾸었다. 철썩거리는 파도소리가 들리는 듯 했다. 눈부신 햇살이 쏟아지는 낮과 달리 밤은 정말 깜깜하였다. 다행히 별과 달이 반짝거리며 집 주위를 맴돌았고 달빛이 바다에 길을 내주었다.

 마당에 있는 치마만한 텃밭에 가지, 고추, 오이, 호박 등, 식탁에 오를 재료는 다 심었다. 끼니때가 되면 소쿠리를 들고 밭을 한 바퀴 돌면 금방 반찬거리가 가득해졌다. 밭에는 채소 말고도 별것이 다 있다. 배추에 달팽이가 붙어있는가 하면 벌과 나비가 내 주위를 빙빙 돌기도 하였다. 모기란 녀석은 사정없이 나의 팔이며 다리를 공격했다. 녀석의 식사거리는 나인 것 같다. 너무 가려워 견딜 수 없어 얼른 밭을 뛰쳐나오기도 했다. 한번은 상추를 뽑으러 갔을 때, 밭에서 새끼 털게 한 마리가 깜짝 놀라 튀어나왔다. 엎드려 있던 나도 놀라 몸이 뒤로 젖혀졌다. 작아서 더욱 소중한 밭이다.

 바다는 하루에도 몇 번씩 물이 드나들었다. 물이 저만치 나가면 굴이랑 조개들이 바지락거리는 소리를 내었다. 바다 생물들은 물이 들어갔다 나갔다 하면서 시원한 바람도 쐬고, 햇빛도 받으면서 살이 여물어지는 것 같다. 몸을 꼼지락거리던 고동이 햇빛이 뜨거운지 쏜살같이 돌멩이사이로 숨는 것이 보였다.

 바다가 내 품에 닿는듯하였다.

물메기

"어, 시원하다!"
"그래, 이 맛이야!"

 한겨울 만경창파萬頃蒼波에서 잡히는 못난 생선이 물메기다. 생긴 것으로만 보면 전혀 입맛이 당기지 않는다. 한데 먹어보면 국물 맛은 일품이다. 무와 파만 조금 넣었을 뿐인데 국물을 두어 숟가락 입에 넣는 순간, 참으로 담백한 맛이다. 다른 생선처럼 유들유들한 기름기나 특유의 맛은 없지만, 식욕이 생긴다. 예전에는 먹지도 않았던 생선이 요즘 들어서 주목을 받는 것은 아무래도 웰빙붐인 것 같다.

 이놈의 몸통은 비늘이 없어 머들거리고 머리통은 왜 그리 밋밋한가! 물컹물컹한 것은 겉이나 속이나 마찬가지다. 뜨거운 열기가 닿는 순간, 스르르 허물어지는 살점들, 아무런 방어도 대책도 없다. 오죽했으면 멍텅구리라 불리겠는가! 어쨌든 뭉툭하고 굼떠 보이는 것이 뭇 생선들의 틈바구니에서 어떻게 견뎠는지 의아스럽다.

 바다에서 이름깨나 있는 놈들은 보기부터 다르다. 어떤 놈은 칼날같이 뾰족한 주둥이와 억세고 날카로운 이빨로 간담을 서늘하게 한다. 어떤 놈은 등이나 배에 단단한 철갑옷으로 무장하여 그 모습이 비장하기까지 하다. 잘난 놈들 속에서 이놈은 군인으로 치면 매사가 어벙하여 '고문관'이요, 사회에서 보면 어물쩍하여 남에게 이용당하기 일쑤이다.

 그러나 이놈은 좋은 점도 많다. 세상 보는 눈이 순일하여 제 몸을 닦달하여 말리고, 뜨거운 김에 찌고, 동강 내어도 그것이 내 운명이거니 생각할 뿐이다. 우직하여 위기를 빠져나가기 위하여 수를 쓰거나 상대를 향하여 반항해본 적이 없다. 한번 마음을 정하면 끝까지 의리를 지킨다. 성취감도, 공덕도 생각해본 적은 더더구나 없다.

인간의 혀끝을 만족하게 하는 것으로도 오욕칠정五慾七情의 덫에서 작은 구원을 받는 일인지도 알 리가 없다. 잘난 놈들 속에서 부대끼다 보니 상처만 덧날뿐이다. 한 세상 살아낸다는 것은 인간이나 미물이나 쉬운 일이 아닐 것이다. 생명을 가진 만물은 모두가 그럴 것이다. 맛있고 때깔 좋은 놈들이 줄줄이 잡혀갈 때, 얼마나 안도의 숨을 몰아쉬었겠는가! 인간들이 마음만 먹으면 어떤 놈도 잡혀간다. 그때만큼 경쟁력 없는 자신이 오히려 다행이다 싶었을 것이다.

예전에 이놈들은 어부들한테 잡히면 바로 바다 속으로 내동댕이쳐졌다. 그래서 붙여진 이름이 물텀벙이다. 기다리던 고기는 그물에 걸리지 않고 우스꽝스러운 놈이 걸려들었으니, 어부에게 그날은 재수 없는 날이된다.

"텀벙!" 하고 던져져 구사일생으로 목숨을 건져지고 파문을 일으키며 꽁무니를 빼는 품을 상상하니 웃음이 난다. 변변한 비린내도 풍기지 않으니 비린 맛을 좋아하는 고양이조차도 돌아보지 않는다.

그런 놈이 빨랫줄에 오장육부를 도려낸 채 이 엄동설한에 대롱대롱 매달려 있는 것을 보니 배알도 없어 보인다. 광활한 바다 속을 똑같이 누비건만 배포 좋게 혈기를 과시해본 적도 없고, 누구처럼 앞장서서 용맹하게 싸워본 적 또한 없다. 천성이 순둥이에다 생김새마저 그 모양이니 늘 누군가의 눈에 띌까봐 숨어 다니기만 했을 것이다. 그런데 세상이 변하여 어느 순간, 인간들의 속을 씻어 내리는 구원군이 되었다. 갖은 양념을 넣지 않아도 시원하고 은은한 맛은 이놈의 따끈한 속정 때문이 아닌가 싶다.

사람들이 잘 살아보려고 밤낮을 뛰어다녀보지만 손에 쥔 것 없이 세상을 살아가기란 녹록치 않다. 거기에 머리도, 외모도 타고나지 않았으니 어디를 가나 그들은 열등생이다. 이놈들이 잠시나마 척박한 영혼을 위로받기 위해 알코올에 의지한 그들의 문드러진 속을 어루만져 준다.

 바닷바람 맞으며 꾸덕꾸덕 말라가는 것도 팔자소관이라 생각하면 훨씬 마음이 편할 것이다. 처음부터 그랬지만 지금 이놈은 어떠한 정한도 욕망도 없어 보인다.

 이미 감정도 내장도 다 비워버려 더없이 편안해 보인다. 앞으로도 그 누군가의 답답한 속을 확 풀어주는 해장국으로 자신의 소임을 다 하리라 마음먹은 듯하다. 온몸을 날개처럼 활짝 펼친 모습이 금방이라도 훨훨 하늘로 향해 날아갈 것만 같다. 해풍을 쓸어안고 한가롭게 겨울 정취를 즐기는 지금이 이놈에게는 무릉도원이다. 고달팠던 세월을 날개에 싣고 새처럼 멀리멀리 날려 보내는,
 "아, 네가 진정 생을 달관했구나!"

 상처받았던 영혼을 다 내려놓고 세상을 품어 안으려 안간힘을 썼으리라.

 다음 생에서 우리는 꽃으로 만나자꾸나. 아름답게 피고 지는 꽃으로 태어나 눈부신 들판에서 아기자기한 애

기꽃을 피우며 살자. 꽃 지면 다시 한해를 기다리는 마음으로 살아가자.

파전을 부치다

 오랜만에 비가 내렸다. 바싹 타들어가던 작물이 비를 맞고 숨을 쉬게 되었다. 넓은 논밭은 모터를 이용하여 물을 줄 수가 있지만 다랭이 밭은 오직 비에만 의지할 뿐이다. 농부들은 비가 너무 많이 와도 걱정, 적게 와도 걱정이다.

 겨울 내내 비가 오지 않아 파가 자라지 않고 잎이 노랗게 되었다. 올해, 유난히 추운 날씨에 죽지 않고 살아있는 것이 고맙다. 이제부터 자주 비를 맞으면 금방 쑥쑥

자랄 것이다. 사람들도 추위에 무척 힘들었던 시간이었지만 작물들도 그러하다. 날씨에 무심했던 내가 작은 농사를 지으면서 신경이 쓰였다.

 첫수확인 쪽파를 두 손으로 수북하게 뽑았다. 쪽파의 껍질을 벗겼다. 뿌리만 무성하고 몸통은 가느다랗다. 누렇게 마른 잎이 겹겹이 여린 속살을 감싸고 있었다. 추위서 자라지 않는다고 걱정했더니 겉잎을 이불삼아 땅을 구들삼아 겨울을 이겨내고 있었다.

 식용유를 두르고 후라이팬에 파를 가지런히 눕히니 "토르르!" 빗방울 튕기는 소리가 났다. 밀가루 반죽을 파 위에 살며시 덮는 순간, 빗소리는 파의 고랑을 타고 더 신명나게 들렸다. 뒤집을 때마다 자진모리와 중모리를 번갈아가며 하였다. 고소한 냄새가 금방 집안에 가득해졌다. 노릇노릇해진 파전을 낮은 불에 더 바싹하게 구웠다. 속내를 감추었던 쪽파에서 맵고 달큰한 향이 났다.

 비를 타고 구수한 냄새가 골목을 따라 전해졌는지 동네 고양이들이 집안을 기웃거렸다. 아예 집에 들어와 부얼을 쳐다보며 앉아 있는 녀석도 있다. 냄새를 풍겨놓았으니 부치는 김에 몇 개 더 부쳐 이웃과 같이 먹으려고 얼마 전 캐놓은 굴과 우럭도 듬뿍 넣었다. 바다 맛이 잘 어우러져 상큼하고 고소한 맛이 더하였다. 비가 추적추적 내리는 날, 내가 키워서 그런지 파전 맛이 어느 때보다 유별했다.

 파는 마음껏 뻗어 오르지는 못했지만 자신의 터전을 지키려 무던히도 애쓴 것 같다. 겨울을 살아가는 식물들은 저마다의 내공을 가지고 있는 듯하다. 하우스에서 자라는 식물은 때깔이 곱다. 때맞춰 물을 주고 추위와 더위에 온도를 맞추어 주니 풍파를 겪지 않아 상처도 없고 부드럽고 연하다. 그러나 노지에 사는 식물은 모양이 깨끗하지 못하고 식감이 거칠면서 향이 강하다. 마치 시골에 사는 아이들이 여름이면 까무잡잡하고 겨울이면 얼굴이 얼어 빨개지는 것이 식물과 다르지 않다. 온실의 식물은 부드럽지만 향이 없다.

 예전에 어머니가 가마솥 뚜껑에 파전을 부쳐주셨다.

큼직한 솥뚜껑은 오남매의 배를 금방 채워주었다. 그때 방안으로 새어 들어오는 불 냄새를 맡으며 뜨끈뜨끈한 토방에서 광목이불에 다리를 넣고 파전을 기다렸다. 형제들과 이불속에 서로 다리를 포개고 파전이 들어올 때까지 장난치며 시끌했던 시절이 있었다. 지금도 그때를 생각하며 친구와 비 내리는 소리를 들으며 파전을 먹곤 한다.

 비 내리는 날, 집에 있으면 너무 좋은 건 파전을 같이 먹을 사람이 있다는 것이다. 서로에게 물어볼 것도 없이 비 내리는 날에 파전은 무조건 댕큐다. 거기에 막걸리를 곁들이면 금상첨화다. 오래도록 파전을 남편과 같이 맛있게 먹을 수만 있으면 좋겠다. 아늑한 집에서 너무 크지 않은 마당과 조금 있으면 필 하얀 목련을 바라보면서 말이다. 한때는 누구보다 나를 이해할 것이라 여겼던 남편이 대화가 되지 않을 때가 많았다. 내편이 아니라 남편이라는 생각이 들어 서운하기도 했다. 살아오면서 마음으로 몇 번이나 보따리를 쌌다가 풀었다가 했지만 이제 그런 일도 없을 것 같다.

  시골은 몸만 부지런히 움직이면 먹을 것이 가득하다. 더 이상 노력해도 채워지지 않는 허기 같은 것을 잊을 수 있다.

  세월이 흘러도 파전 맛은 변함이 없다. 비가 내리는 날, 파전은 여전히 유효하다.

한라의 눈꽃

 조금씩 추적이던 비는 산을 들어서면서 진눈깨비가 되어 흩날렸다. 진눈깨비는 마침내 눈으로 변했고 산은 순식간에 하얗게 덮혀 버렸다. 하늘이 무겁게 내려앉은 듯, 눈은 쏟아지는 우리를 향해 달려들었다.
 눈이 계속 내리자, 진달래 산장즈음에서 등산객을 통제하였다. 산행을 시작한 다섯 친구 중 두 명의 친구는 우리가 내려올 때까지 산장에서 기다리기로 하였다. 세 명은 먼저 출발한 일행이 있어 같이 데려오겠다고 거짓

말을 하였다. 그때까지만 해도 꼭 정상까지 가야겠다는 생각밖에 없었다.

 산길은 점점 가팔라졌고 매서운 칼바람에 눈을 뜰 수 없었다. 아열대 수목은 눈 속에 잠겼고 설경은 끝없이 이어졌다. 이백미터만 가면 백록담이 나온다는 이정표가 나타났다. 산을 내려오는 사람들이 백록담은 아무것도 보이지 않고 위험하니 내려가야 한다고 말했다. 그러나 우리는 정상 이백미터를 두고 돌아갈 수 없었다. 주저앉고 싶은 심정이었지만 사력을 다해 걸었다. 이백미터가 이킬로미터 보다 더 멀게 느껴졌다. 폭설로 앞이 보이지 않았고 눈을 뜨지 못해 걸을 수가 없었다. 걷는 게 아니라 기어갔다. 온몸이 얼어붙어 감각이 없었다. 옷과 모자도 얼어버렸다. 우의는 찢어져 바람에 너덜거렸고, 누구도 말이 없었다. 아니, 말을 할 수가 없었다. 거친 숨소리도 바람에 쓸려 가버렸다. 조금만 더 가면 된다는 의지만 남았을 뿐, 몸이 따라주지 않았다.

 드디어 백록담에 도착하였다. 백록담은 눈 속에 숨어

버린 듯 보이지 않았다. 하늘이 미친 듯 눈만 퍼부었다. 주변은 그 무엇도 보이지 않았다. 외로움에 갇혀 버렸는지 아무런 흔적도 없었다. 그러나 목적지에 도달했다는 것만으로 모든 것을 이룬 것 같았다. 그제야 새하얀 풍경이 성스럽게 느껴졌다. 수억 년 전 불을 뿜어대던 백록담은 침묵하고 있었다. 다시 용트림할 그때를 기다리고 있는 것일까. 지나간 격정의 세월마저도 한라산은 품고 있었다.

백록담을 뒤로 한 채, 미끄러지고 구르면서 내려왔다. 정신없이 오르던 등정과는 달리 그래도 여유가 생겼다. 부드러운 쌀가루를 뿌려놓은 듯한 설경은 추위도 배고픔도 잊게 했다. 눈은 나에게 손을 내밀었다. 그동안 갇혀 있던 온갖 잡념들을 털어내고 마음의 문을 열라고 말하였다. 순백의 시간이 느려진 듯 몸은 물에 젖어 천근만근이었으나 마음은 그 어느 때보다 맑았다.

얼음보다 차고 눈보다 더 깊은 상고대가 한라산을 수놓았다. 투명한 것을 걸러내는 때, 꽃은 긴 시간을 지나야할 겨울의 밤을 지킬 것이다. 은빛 꽃은 작은 숨을 쉬며 살아가는 나무들의 숨결이었다. 얼음을 꽃으로 피워 올리는 지순한 한라의 정열이 숨 쉬고 있었다. 순결하지 않으면 태어날 수 없는 겨울 꽃이 햇살이 떠오르면 더욱 영롱하게 빛날 것만 같았다. 겨울밤은 꽃들이 얼음으로 환생하여 구슬이 되고 이슬을 담는 크리스탈이 되었다. 세찬 바람에 속울음을 삼켰을 겨울나무들과 그제야 반갑게 손을 잡았다.

출발지에서 기다리던 친구들과 다른 사람들도 우리가 도착하자 환호성을 질렀다. 악천후에 무사히 내려온 우리들에게 뜨거운 커피와 타올을 주었다. 비로소 긴장이 풀리면서 몸도 노곤하게 풀렸다. 다행히 마지막 비행기를 탈수 있었다.

한라산은 겨울에 더욱 창백한 내면을 드러내는 것만 같았다. 산에서 본 눈은 곱고 따뜻했다. 푸른 상록수의 빛깔과 조화를 이루는 싱그러움마저 보였다. 마음속까지 따스해짐을 느끼게 하는 눈은 온화하였다.

바다를 지키는 한라산이 묵묵히 서있다. 남김없이 주는 것, 봄이 오는 것을 믿듯이 산은 만물을 가슴에 품어 안았다. 바다의 비릿한 갯내음을 맡으며 제주의 수호신처럼 서 있는 한라산은 거부하지 않는 몸짓으로 생의 빛을 전하였다. 어둠에서 밝음으로 전해지는 실핏줄 같은 생명의 빛깔들이었다.

　조랑말이 갈기를 흔들며 한라산으로 달려오는 듯한 환영이 스쳐 지나갔다.

맹지

 친구와 부동산을 찾았다. 땅을 팔았으면 싶다고 했더니, 컴퓨터에서 주소를 검색하던 중개사가 머리를 갸우뚱했다. 길이 없는 임야를 왜 샀느냐고 하면서 쓸모가 없는 땅이라고 하였다. 집을 지을 수도 없고, 밭으로 쓸 수도 없는 땅이라고 했다.

 친구는 십년 전에 친한 지인 말만 믿고 현장에 가보지도 않고 땅을 샀다고 한다. 그 땅은 십년 전 금액으로도 살 사람이 없으며 그 당시에 길만 있는 것만 샀어도 최소 다섯 배가 올랐을 거라며 불난 집에 부채질을 하였다.

 남동생의 교통사고 소식을 듣고 병원 응급실로 뛰어갔다. 피투성이가 된 동생은 이미 의식이 없었고 대형트럭을 피하려다 지하도 난간을 들이받아 119에 실려 왔다고 했다. 동생이 수술을 하는 동안 살아만 있게 해달라고 우리 형제는 울면서 기도했다. 생사를 넘나드는 수술을 여러 번 거치면서 목숨은 건졌지만 하루에도 몇 번씩 혈압이 떨어지고 복수가 차 심폐소생술을 거쳐야 했다. 환자가 지금이 마지막이 될 수 있으니 하고 싶은 말을 해 두라고 하였다. 그 말에 의사를 붙잡고 매달렸다. 의사는 어떻게 마지막이라는 말을 그렇게 쉽게 할 수 있는지 인정이라고는 눈곱만큼도 없는 사람처럼 보였다. 자기 가족에게도 그렇게 말할 수 있을까 하는 생각이 들었다. 의사의 말이 제대로 들리지 않았다. 그때는 하루하루가 피가 거꾸로 쏟아지는 것 같은 고통의 연속이었다.

 말할 수 없는 절망감이 우리 형제를 결박하였다. 한발 자국도 디딜 곳이 없는, 더 이상 길이 없다고 생각되었다. 길의 사각지대, 나무보다 덤불이 더 많아 보였다. 나무의 바싹 마른 잎사귀에 날개를 비비던 새들도, 흩날리던 이름 모를 꽃들도, 두런거리며 앞서 가던 사람들도 다 어디로 가버렸는지 보이지 않았다. 가시덤불을 내치며 길을 내어보려고 했지만 낭떠러지뿐이었다. 칼날 같은 창살이 사방을 에워싸 더 이상 나갈 곳이 없었다.

한참 살아야 할 나이에, 동생을 마구 흔들어놓는 현실이 원망스러웠다. 먼저가신 부모님은 왜 동생을 돌봐주시지 않는지. 동생의 미래가 캄캄하였다. 올케는 동생의 곁을 떠나고, 어린 아이들은 흩어지고, 꼼짝도 못하는 동생만 남은 그림이 자꾸만 그려졌다. 그런 그림을 지우려고 애쓰면서 정신없이 병원을 쫓아다녔다.

동생이 휠체어에 앉은지 벌써 15년이 되었다. 정신만 또렷할 뿐, 몸은 누군가에게 의지해야하지만 그래도 살아있어 고마운 동생이었다. 엄마가 일찍 돌아가시면서 엄마의 사랑을 제대로 받지 못했던 막내이다. 그래서 늘 마음이 짠하였다. 친구들과 골목길에서 놀다가도 "누나야!" 하면서 뛰어오던 막내 동생이다. 덩치는 컸지만 내게는 언제나 어려 보였다. 제 나이보다 어린 친구들과 놀면서 골목대장을 하던 아이였다. 내 책가방 속에 있던 뽀빠이가 그려진 '라면땅' 한 봉지 내어주면 동생은 펄쩍거리고 뛰면서 좋아하였다. 어른인 지금도 "누나야" 하고 부르면 내 마음이 스르르 녹아내린다.

 동생의 현실을 운명으로 받아들이려고 애썼다. 폭풍이 불어 닥친 집을 수습하려고 형제들은 정신이 없었다. 오랜 병원생활을 위해 초등학교 다니는 조카 둘을 동생들이 하나씩 맡았다. 그사이에도 수시로 입원과 퇴원을 거듭하였다. 엎치락뒤치락하는 사이에 아이들이 잘 자라 첫째는 국영기업에 취업하였고 둘째는 로스쿨에 입학하였다.

 조카가 삼촌, 고모들에게 첫 월급을 받아 용돈을 주었다. 가슴이 먹먹하였다. 그 누구보다 고생을 많이 한 올케가 고마웠다. 가시밭길에서 한없이 헤매었을 올케가 지금까지 잘 버티어주어 오늘을 맞이할 수 있었다. 아빠의 사고로 충격을 받았을 아이들이 이제는 어둠을 밝히는 등불처럼 동생부부에게 환하게 길을 밝혀주었다.

 한 때, 길이 보이지 않던 맹지에서 우리 형제들은 동생을 위하여 길이 되고자 했다. 볕이 잘 드는 큰길과 만날 수 있도록 작은 샛길이라도 내어야 한다고 마음먹었던 시간이었다. 어려울 때면 힘을 모으는 우리 형제들, 그동안 모진 운명 속에 갇혔다고만 생각했던 맹지에서 또 다른 길이 보였다. 어떤 길이라도 가다보면 "그때는 그랬지." 하면서 마음 놓고 웃을 수 있는 날이 올 것이라 믿었다. 언젠가는 친구의 맹지에도 새 길이 생길 것 같은 예감이 든다.

후진

  낙조가 불그레 익어가는 강변에 회색빛 나무가 기다란 그림자를 드리웠다. 하늘은 베르메르의 그림, '델프트의 풍경' 속 하늘보다 더 인상적인 마린블루 빛이었다. 구름을 쫓던 샛강이 어느새 갈대숲으로 숨어들었다. 청둥오리가 물 위로 길게 줄을 지어 가고, 붉은 카펫 같은 보도블록에는 뒤로 걷는 여인의 모습이 저만큼 작아졌다.

  그녀의 발걸음이 앞만 보고 걷는 내발걸음보다 더 빨랐다. 나는 걷는 일보다 주변경치에 더 눈이 팔렸다. 화사하던 벚꽃이 어둠으로 잦아드는 풍경이 아늑하게 몸을 감쌌다. 전진보행을 하는 사람들이 목의 회전만 가능하다면 뒤로 걷는 생활도 개발했을 것이다. 뒤로 가는 기차, 비행기, 자전거도 생기지 않았을까. 관성의 법칙 따라 당연히 우리 몸도 거기에 순응할 것이다.

 뒤로 걷는 것이 몸에 좋다는 말은 앞만 바라보고 사는 사람들에게 지나온 발자국을 한 번쯤 되새겨보라는 의미인 것 같다. 앞만을 보며 달음박질하는 사람들에게 한 박자 늦더라도 또박또박 자신의 발자국을 남겨보라는 뜻이 아닌가 싶다.

 손길이 멈춘 재봉틀이나 고정된 안쪽 창의 문고리는 뻑뻑하다. 그럴 때 가끔 기름을 쳐주거나 한 번씩 열고 닫아줘야 연해진다. 우리 몸도 평소에 쓰지 않던 관절을 작동시킴으로 혈액이 반대로 순환하여 건강에 좋다는 말이 일리가 있다. 훈련되지 않은 부분을 움직여주는 것, 경직된 부분을 풀어 소통하게 하는 것이다. 그것이 뒤로 걷기의 장점이라 할 수 있겠다.

운전의 후진능력이 남자보다 여자가 떨어지는 것은 공간 지각력이 남자보다 여자가 못하다는 말이다. 공간 지각력은 방향 감각과 판단력, 수리능력이 포함된다. 그러나 그것은 성별의 차이가 아니라 사회성이지 싶다. 남자의 그늘에서 자신을 개발할 일도 사회에 참여할 일도 없었던 예전의 여자들에게 공간 지각력이 떨어지는 것은 당연한 일이다. 아마 여성의 사회적 진출이 많지 않던 시절에 나온 통계일 것이다.

지금은 남자보다 돈을 더 잘 버는 여자도 많고, 여성의 지도력이 사회 각계에 여풍을 일으키고 있다. 여자가 후진능력이 떨어진다는 말은 매사에 조심하느라 과감하지 못할 뿐이지 생체학적인 근거는 없다. 남자보다 후진을 더 깔끔하게 하는 여자가 내 주변에도 많이 있다.

삶은 때로 후진이라는 변속장치도 없이 뒷걸음을 치게 한다. 뒤를 돌아볼 겨를도 없이 그대로 밀리는 것이 삶의 후진이다. 아무리 차간거리를 유지하고 싶어도 뒤에서 밀어붙이면 그만이다. 자신의 잘못으로 후진하는 경우도 있지만 예기치 않는 돌발 사태는 아무런 대안이 없다.

 인생은 전진욕구, 그 욕망이 멈추어지지 않는 한 앞으로만 나아갈 것이다. 한번 앉으면 비키고 싶지 않은 권력처럼 한번 가지면 절대로 놓고 싶지 않은, 양손에 떡을 쥐고도 허기가 지는 것이 사람이다. 명예나 부富의 맛을 아는 자가 더 많이 누리고자 한다.

 가끔 열차의 좌석을 등지고 앉으면 갑갑증이 난다. 같은 속도로 가고 있는데도 느리게만 여겨진다. 뒤로 앉으면 머리가 아프고 멀미가 나는 것은 불안하고 미적거리는 속도감 때문이다. 걷기가 때로는 지루하다는 생각을 했다. 늘 쫓기며 살아가는 것이 몸에 배어 운동의 효과를 계산하게 된다.

 뒤로 걸으면서 보는 풍경이 새롭게 보인다. 갇혀 있던 내 의식의 굳은살을 풀기 위해서라도 다양한 시도가 필요한 것 같다. 고정관념으로 무언가를 이루기에는 세상이 다변화되었다. 낯설게 보기, 앞으로 된 것은 뒤로, 거꾸로 매달려 보기, 한쪽 눈을 감기, 꽉 차있던 것은 비우고, 정돈된 것은 뒤집어 보는 것, 그러면 오랫동안 굳어 있던 내 시선도 바뀔 것도 같다. 쓰지 않던 근육을 움직이는 일은 잠자던 의식을 일깨우는 일이지 싶다.

뒤로 걷는 낙동강변이 이렇게 아름다운 줄 몰랐다. 야생화단지와 체육공원이 있는 조깅코스를 걸으면서 새롭게 경치에 반한 시간이었다.

소울 푸드

　초등학교시절, 소풍의 하이라이트는 점심시간이었다. 소풍이나 운동회가 아니면 김밥이나 음료수를 맛볼 수가 없었던 때다. 소풍가는 날은 엄마가 만든 김밥을 자랑하듯이 펴놓고 맛있게 먹는 날이다. 김밥모양은 비슷해도 맛은 각각 달랐다. 가끔 김밥을 싸오지 않은 아이의 맨밥과 바꾸어먹기도 하였다. 반장과 부반장은 선생님 도시락을 준비해 왔다. 김밥에 쇠고기를 넣고 색깔도 예쁘게 꾸몄다. 삼단 칠기찬합에 김밥과 과일을 담고 여러 가지 전도 부쳐 담았다.

　점심시간은 선생님들 앞에서 엄마들의 음식솜씨가 한판 펼쳐지는 날이었다. 내가 본 것 중에 제일 맛있어 보이는 화려한 김밥이었다. 엄마들과 선생님이 둘러앉은 자리에 자꾸만 눈이 가는 것은 나만이 아닌 모양이었다, 눈치를 챈 선생님께서 아이들의 도시락에 김밥을 몇 개씩 얹어주셨다.

　소풍 갈 때 신으려고 숨겨둔 운동화를 잠들기 전에 신어보곤 했다. 소풍날 비가 올까봐 조바심이 났다. 그때, 우리학교는 소풍이나 운동회 때, 비가 내린 적이 많았기 때문이다. 어떤 때는 운동회 날, 비가 와서 운동회를 하지 못하고 교실에서 모여 놀았던 적도 있었다. 싸온 음식을 교실과 복도에서 둘러앉아 먹었다. 소풍가기 전날은 제발 비가 내리지 말아달라고 기도를 한 적도 있었다.

　소풍날, 시골에서 전학 온 친구였는데 점심시간에 그 친구가 보이지 않아 찾으러 다녔다. 그 아이는 사람들이 없는 나무 밑에서 혼자 밥을 먹고 있었다. 자세히 보니 보리밥에 고추장아찌가 담긴 도시락이었다. 모두가 김밥을 먹고 있는 것을 보고 부끄러워 자리를 피했던 것이다. 다른 친구들의 알록달록한 김밥을 보면서 마음이 아팠을 것이다. 친구는 엄마가 되면 자신의 아이에게 꼭 예쁜 김밥을 싸주고 싶은 마음이었을 것이다. 친구들과 둘러앉아 도란도란 이야기를 나누며 맛있는 김밥을 나누어 먹는 모습을 떠올리지 않았을까.

 아들이 초등학교 1학년이 되어 처음 맞이한 소풍은 내 마음도 들뜨게 하였다. 맛은 물론이고, 세모 모양, 네모 모양, 하트 모양의 예쁜 김밥을 만들었다. 그날처럼 뿌듯한 학부모 기분을 훗날에도 더 느껴본 적이 없었다. 소풍날, 새벽부터 고소한 참기름 냄새를 풍기면 식구들이 잠에서 깨어났다. 아침 식사는 김밥이었다.

 옹기종기 동그란 식탁에 모여 앉은 식구들이 서로를 기대어 의지하는 동그란 김밥과도 같았다. 밥 위에 시금치, 소시지, 계란, 단무지, 게맛살, 우엉을 가지런히 얹고 김으로 단단하게 말은 김밥은 정다운 가족의 소울푸드가 아니었는가 싶다.

 단체 야유회나 운동회 때는 엄마들이 밤늦게까지 모여앉아 다량의 김밥을 말고는 했다. 그런 날은 동네잔치가 벌어진 듯했다. 김밥이 먹기야 편하지만 만들기는 쉬운 일이 아니다. 갖가지 속 재료가 들어가야 하니 준비과정이 만만치 않다. 밥도 고슬고슬하게 잘 지어야 하고, 무엇보다 밥이 튀어나오지 않도록 잘 말아야 한다. 김밥을 적당한 크기로 잘 썰려면 칼도 잘 들어야 한다. 자꾸만 무뎌지는 칼을 계속 갈아가면서 썰어야했다. 망가진 김밥은 엄마들의 차지가 되었다.

 김밥은 어린 시절의 특별한 날에 먹는 특식이었다. 지금에야 전화 한통화면 김밥 끝이다. 김밥 체인점이 군데군데 있어 김밥 사먹는 일이 쉬워졌다. 김밥은 이제 엄마의 손맛이 아니라 전국이 똑같은 맛이 되었다. 아이들은 엄마의 정성이 담긴 김밥을 기대할 수가 없게 되었다. 이제 김밥은 어디를 가나 비슷한 맛으로 간편한 식사대용일 뿐이다. 내가 가진 김밥에 대한 추억도 이젠 점점 사라져가고 있다.

 요즘은 아이들이 소풍 때 점심을 가져가지 않는 아이가 많다고 한다. 용돈만 주면 알아서 사먹는다. 온갖 군것질이 널려있는 환경에서 보면 김밥이 굳이 필요 없기도 하다. 김밥과 소풍, 그 주변에 선생님, 친구, 운동화가 있다.

 내 어린 시절, 해질녘까지 골목 입구에서 나를 기다리던 동생에게 몇 개 남긴 김밥을 내밀었다. 도시락 안에서 종일 뒹군 쉰 냄새가 살짝 나는 김밥을 맛있게 먹던 동생의 꾀죄죄한 얼굴이 눈에 선하다.

마라도

 마라도는 바위에 달라붙은 조가비만큼이나 눈물겹다. 섬은 하나로 된 것이 아니라 여러 개의 조각이 흩어진 것 같다. 때에 따라서 달라지는 사람의 심성처럼 섬도 여러 조각의 마음을 바닷물에 띄웠으리라. 섬에 닻을 내린 등대는 깊고 아늑한 곳에 둥지를 튼 소라처럼 살아간다.

 뱃머리를 보이지 않는 배는 연신 물결을 따라간다. 남색보다 더 짙은 바닷물은 배를 움켜쥐었다 놓았다 하는 바람에 나의 마음도 파도를 따라 울렁거렸다. 해풍과 해

금내가 하루 종일 작은 섬을 핥고 있었다. 섬에 둥지를 틀고 있는 사람들이 하얀 바다 갈매기 같다. 갈매기는 먹이를 구하러 바다로 뛰어 들기를 서슴치 않았다. 섬에서 알을 품어 새끼를 낳아 키우는 갈매기가 우리네 어머니의 성정과 같이 짠물처럼 배어있다.

화산이 폭발할 때 뛰어든 산의 파편 한 조각이 바다에 심어진 것일까. 억겁의 세월이 불보다 더 뜨거운 용암으로 바다를 뒤흔들었다. 바위는 구멍이 송송 난 화석으로 남아있다. 모든 것을 태우고 녹여버린 그 날의 개벽을 말없이 간직하고 있었다.

먼 길을 나서기 전 뱃사람들은 신명난 굿판을 펼쳤다. 어부는 소주잔을 기울이며 상량식을 올리고 무당의 칼춤이 햇살에 번득이며 온갖 불길한 예감을 다 헹궈내는 풍어제를 올렸다. 어부는 바다를 쓰다듬으며 하늘에 떠 있는 초승달 같은 조각배를 타고 고기잡이를 떠났다. 소주 한잔에 뱃전의 비릿한 바람을 가르며 하루 같은 평생을 살았다. 바다의 각혈을 씻기 위해 물빛보다 더 푸른 기상으로 파도가 힘차게 물결을 일으킨다. 그러나 오색 깃발을 달고 만선의 돛을 달고 오리라던 어부들을 바다는 한 입에 삼키고 말았다. 한 동네 남정네를 몽땅 쓸고 가버린 제주의 어선침몰사건은 바다로 남편을 어이없이 떠나보낸 여인들을 차가운 겨울 바다에 뛰어들게 하였다.

바다 어딘가에 있을지도 모르는 남편을 만나기 위해서일까. 사랑하는 사람을 떠나지 못한 넋의 부름이던가. 왜 그녀들은 핏빛 같은 겨울 바다를 뛰어드는 것인가. 어딘가에서 만나야만 될 사람이라면 언제, 어느 곳에서라도 기다려야만 될 일이 아니던가. 등대는 묵묵히 그녀들의 아픔을 어루만지고 있었다.

해녀의 휘파람 소리가 바람을 타고 들려온다. 바다 저 깊은 곳에 들어가 굴을 따고 전복을 따는 여인들은 떠나보낸 이에 대한 그리움을 하나씩 건져 올린다. 장작을 지펴 젖은 몸을 말리며 미처 말리지 못하는 자신의 한마저도 말린다.

바다를 거역할 수 없는 어부는 바다에 모든 것을 잃었지만 마음을 삭히며. 또한 바다에서 삶을 건져낸다. 등대는 그런 바다를 저버리지 못하여 소금으로 이끼마저 하얗게 피어난 마른 입술을 적시고 있었다. 햇빛에 빛나던 소금이 세월의 무게만큼 쌓여만 갔다. 쉴새없이 철썩이는 바다의 소리를 들으며 섬사람들은 짜디짠 삶의 앙금을 걸러내고 있었다. 파도와 바람은 여인의 막힌 심사를 뚫어주기라도 할 듯 밤새 등대를 오르내린다.

 멍이 들도록 포말을 바위에 부딪혀 보지만 바위는 마음을 열지 않는다. 자신의 굳은 각질에 깊이 속살을 숨겼다. 사람 속에도 그런 바위가 있다. 섬은 바다를 다독이며, 부딪힌 상처와 그것을 덮고 있는 삶을 혼자만의 가슴에다 묻는다.

 남편의 주머니 속에 내 손을 포개면서 추위를 피해 가는 것처럼, 거센 파도의 방패막이로 남편을 내몰기도 했다. 어느 날엔 폭풍이 쳐 금방이라도 배가 폭삭 내려앉을 것 같이 위태로운 날도 있었다. 바람이 멎고 햇살이 비치면 마치 그 햇빛을 자신이 뿌리기라도 한 듯 의기양양해 했다. 언제까지거나 내 앞의 크고 작은 풍랑을 막아줄 것이라 믿는다.

마라도나 가파도는 약속이 이루어지지 않는 섬이라 했다. 돈을 갚는 일만큼은 말아도 되고 갚아도 된다는 말이 있다. 일주일에 하루 빼고는 거의 바람이 불거나 비가 와 배가 뜨지 않기 때문에 그런 말이 생겼다고 한다. 바다에서 해를 건져 섬을 밝히는 마라도는 땅을 이어주는 처음이자 마지막에 선 끝점이다. 처음과 끝은 제일 먼저 태어난 것이거나 제일 마지막에 그은 선이다. 맏이에게 느끼는 첫정이거나 막내에게 가지는 애잔함이다.

멀리서 섬이 보일 듯 말 듯 하다. 서로 손을 잡고 있다가 어쩌다 마음을 놓고 있는 사이에 놓쳐버린 것이다. 아니면 엄마가 굴 따러 나간 사이에 섬 한 개를 잃어버렸는지도 모르겠다. 잃어버린 형제를 그리며 마라도는 남쪽 땅 끝에서 등대지기가 되었나 보다. 그래서 깜깜한 밤바다를 지켜보며 지나가는 고깃배의 마음을 달래주려는 것 아닐까.

 섬은 소리 없는 시계다. 나도 그 누군가의 섬이 되었으면 한다. 먼발치에서라도 깜박이는 불빛처럼 어느 이의 향수를 달래게 할 수 있었으면 싶다. 가슴에 섬 하나 품고 살아간다면 나의 인생행로도 밝아질 것 같다.

내가 좋아하는 곳

 나는 아버지가 태어난 곳을 고향이라 여긴다. 큰집, 작은집, 고모들이 우리 가족과 한집에서 살았다. 대가족이 한집에서 살면서 사촌 두 명이 나와 한해에 태어났다. 아랫방에서 아이가 울면 옆방에서 따라 울고, 또 건넛방에서 울어 세 명이 합창을 하였다고 한다. 동갑내기라 우리는 서로 언니 오빠라는 개념이 흐릿하다. 그러다보니 지금도 만나면 생일을 따지며 한바탕 웃곤 한다.

 고향에는 나의 사촌과 팔촌이 같은 초등학교를 다녔

고, 그들은 읍내 중학교를 같이 다녀 동창생이기도 하다. 내가 태어나면서 우리 식구는 분가하여 대구로 나왔다. 사촌들과 학교는 같이 나오지 않았지만, 사촌의 친구들이 내 친구이기도 하였다. 방학이면 사촌과 이웃마을 친구들에게 놀러간 적도 많았다. 어른들 몰래 깜깜한 밤중에 산을 넘어가기도 했다.

 현풍 못골이라는 마을은 들머리에 큰못이 있다. 그래서 마을 이름도 못골이다. 옆 마을에는 곽재우의 집성촌이 있고 못 옆에는 열녀문이 있어 가풍 있는 선비의 고장임을 한눈에 볼 수 있게 한다. 도학의 창시자인 김굉필의 뜻을 기리는 도동서원이 주변에 있으며 못골은 할아버지의 후손들이 사는 집성촌이다. 김굉필 할아버지의 18대손이라고 하면서 집안 어른들께서 우리 가문이 학문하는 집안이니 매사를 조심하라는 이야기를 귀에 못이 박히도록 듣기도 했다.

 대구에 살면서 방학이면 조부모님을 뵙기 위하여 동생과 같이 시외버스에 몸을 실었다. 버스가 큰댁에 도착하기까지는 두 번 이상 타이어 펑크가 나지 않는 날이 없었다. 지금은 대구에서 삼십분도 되지 않는 거리인데 하루를 꼬박 길에서 다 보내곤 하였다. 차를 수리하는 사이에 해는 꼴깍 져버리고 깜깜한 밤중이 되어서야 큰집에 도착하였다. 머리를 풀어헤친 듯한 수양나무의 그림자가 비치는 못을 지날 때면 온몸의 기운이 다 빠지는 것 같았다. 수양나무에는 그네가 있어 낮에는 사촌들과 그네를 타고 놀곤 하지만 밤이 되면 그곳이 그렇게 무서울 수가 없었다.

 무서워 바싹 붙는 동생의 손을 꼭 쥐었다. 조금만 가면 된다며 동생을 달래었다. 달빛 따라 일렁이는 어둑한 길을 헤치고 마을의 불빛이 보이면 그때서야 마음이 놓였다. 한참을 가다보면 커다란 기와집이 보이고 개 짖는 소리가 여기저기서 들려왔다. 마당에 들어서자 웅크리고 있던 삽살개가 후다닥 일어나 동생과 나의 꽁무니를 맴돌았다. 할머니, 할아버지께서 쫓아 나오시고, 큰어머니, 큰아버지, 사촌들이 우리를 빙 둘러쌌다. 반갑게 맞아주시는 큰집 식구를 보면 못을 지날 때의 두려움이나 길에서 보낸 지루함 따위는 까마득히 잊어버리게 된다.

 사촌들과 모여 줄넘기도 하고 땅콩서리도하며 쑥을 캐기도 하였다. 나물 이름도 그때 많이 알게 되었다. 도랑에서 검정색 빨래비누로 빨래를 하면 거품이 나지 않아 방망이로 두들겨 빨았다. 빨래가 끝난 뒤에 물장난을 치면서 목욕을 하기도 하였다. 방학이 끝날 때쯤이면 얼굴이 새카맣게 되어 집으로 돌아왔다. 개학을 한 뒤에도 한동안 시골집과 사촌들이 눈에 어른거렸다.

 흙먼지를 뽀얗게 날리며 달리던 버스는 쉴 사이 없이 덜컹거렸지만 지금도 시외버스를 타면 고향 가는 마음처럼 설레인다. 왁자지껄한 아낙네의 목소리, 차에서 뿜어내는 기름 냄새, 보따리를 몇 개씩이나 들고 버스를 타던 할머니들, 등에 업혀 잠자는 아이가 깰까봐 조심하는 젊은 엄마, 그런 것들이 내게는 잊혀지지 않는 내가 좋아하는 곳, 고향의 풍경이다.

 고향에는 나를 기억해주는 사람들이 많아서 좋았다.

내가 누구 손녀인지, 누구 딸인지, 내 할아버지가 한때 수리조합장 하신 분이라는 것까지도 알고 있었다. 마을을 들어서면 무엇보다 미루나무가 제일 먼저 나를 알아보았다. 길다랗게 서있던 커다란 나무들이 한꺼번에 바람에 흔들리어 우수수 소리를 내었다. 미루나무는 오랫만에 만나는 나에게 두 팔을 벌려 싱그러운 바람을 불어주었다. 변함없이 오랜 세월동안 그늘을 만들어 주었고, 쭉 뻗은 가지들을 부채처럼 펼쳤다. 토끼풀과 버들강아지가 많이 피었던 작은 언덕은 시간 가는 줄 모르고 놀던 곳이다. 토끼풀로 팔찌와 반지를 만들어 친구에게 서로 끼워 주기도 하였다.

고향은 내가 가진 추억의 전부라는 생각이 든다. 지금까지 살아온 힘이 고향에서 가져온 것들이지 않나싶다. 사람을 좋아하는 것도, 낙천적인 것도, 모두가 고향이 내게 준 선물이라고 말하고 싶다.

세월이 흘러 고향의 모습이 변하였지만 그때, 그 사람들, 그 추억은 내가 좋아하는 곳으로 깊이 새겨져 있다.

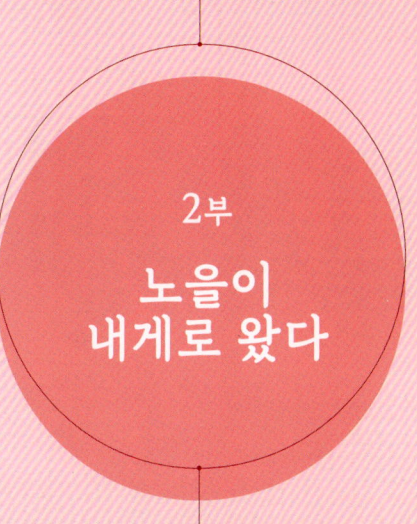

2부

노을이
내게로 왔다

노을이 내게로 왔다

 오후가 되면 노을이를 데리고 바닷가에 나간다. 노을이는 가고 싶은 곳이 많은지 앞장서 간다. 밖에만 나오면 이리 뛰고 저리 뛰며 어쩔 줄을 모른다. 그럴 때는 내가 데리고 가는 것이 아니라 끌려간다.

 노을이는 바다냄새를 맡느라 코를 연신 벌름거린다. 바닷가에서 놀던 돌게가 종종걸음을 치고 나오다 호기심 많은 노을이한테 잡혀 바둥거린다. 돌게도 여간내기가 아니다. 몸을 동그랗게 말아 빨간 집게발을 세워 노을이를 위협한다. 노을이의 공격을 피해 잘도 빠져나간다. 돌게를 이리저리 돌려가며 탐색하다 제상대가 아니다 싶었는지 더 이상 따라가지 않고 눈을 다른 곳으로 돌린다. 십년감수한 돌게가 풀섶 사이로 줄행랑을 친다. 노을이는 하늘을 향해 뛰어오르는 자세를 취하다 갑자기 포복자세를 한다. 몸을 좌우로 흔들기도 하고 가다말고 쪼그려 앉기도 한다. 그렇게 설치고 싶어 어떻게 하루 종일 집에 있었는가 싶다.

 육 개월 전쯤에 남편과 나는 산책을 나섰다. 그런데 차가 많이 다니는 도로 옆 나무에 젖도 겨우 떨어졌을까싶은 새끼 강아지가 묶여있었다. 얼마나 그렇게 있었는지 절박하게 짖고 있었다. 우리가 아니라도 누군가 데리고 가겠지 하는 생각을 했다. 몇 시간이 지나 돌아왔더니 그때까지 녀석이 온몸을 버둥대며 짖고 있었다. 조그맣고 까만 놈이 지쳤는지 숨을 헐떡이며 목도 쉬었다. 남편이 불쌍하다고 데리고 가자고 했을 때, 짐승 키우는 일이 쉬운 일이 아니니 모르는 척하고 가자고 하였지만 남편은 끝내 고집을 피웠다. 어쩔 수없이 당신이 키우든지 말든지 나는 신경 쓰지 않으니 알아서 하라고 했다.

이제 노을이는 남편만 보면 바짝 서서 꼬리를 흔들고 콧소리를 내며 애교를 부리지만 내게는 그냥 무덤덤하다. 남편은 노을이가 바싹 구운 생선을 좋아한다고 가끔 내가 먹고 있는 생선까지 들고 간다. 녀석이 심심할까봐 집에서 조금 떨어진 밭에도 데려간다. 밭 일이 끝날 때까지 노을이는 배가 지나가면 짖고, 파도가 철썩거려도 짖으며 논다. 남편은 배추나 무를 리어카에 싣고, 녀석은 앞서거니 뒤서거니 하면서 따라온다. 그럴 때 노을이를 보면 기분이 좋아 콧노래를 부르는 것 같다.

노을 덮힌 하늘을 보며 꼬리를 흔들고 엉덩이를 들썩이는 모습을 보면서 자연스럽게 노을이라는 이름이 붙여졌다. 새끼였던 노을이가 이젠 다 자란 암컷 성견이 되었다. 새까만 털은 반지르르하게 윤기가 나며 몸매가 날씬하여 무척 날렵하게 보인다. 얼굴은 브이자로 동안이며 눈은 초롱초롱 빛나고 귀는 쫑긋하며 가슴에 하얀 반달무늬가 있다. 사람들이 노을이가 진돗개 중에 흑구라고 하였다.

　진돗개는 주인에 대한 충성심이 강하고 청결하며 영리한 개라고 하였다. 노을이는 가르쳐주지 않았는데도 배변을 집안에서는 절대로 하지 않았다. 이웃사람을 만나도 꼬리만 흔들고 아무 곳에서나 짖지 않는다. 시골에서 부산 올 때도 노을이는 차 뒷 칸에 앉아 이동한다. 노을이가 얌전하게 차에 앉아 바깥풍경을 내다보곤 한다. 부산에 있는 집에서도 조용히 있는 것을 보면 얌전히 있어야 한다는 것을 아는 듯하다.

　노을이의 예전 이름은 무엇이며 집이 어디였는지 알 수가 없지만 좋은 가정에서 살았을 것 같은 느낌이 든다. 염치도 있고 행동도 반듯하여 전 주인에게서 교육을 잘 받은 듯하다. 사람이나 짐승이 헤어질 때는 그만한 이유가 있을 것이다. 노을이는 어쩌면 전 주인에게 버려진 아픔 때문에 새 주인에게 눈치를 보느라 매사를 조심하고 있는 것 아닐까. 처음에는 시끄럽게 짖거나 아무데서나 대소변을 하면 어쩌나 걱정했다. 또 어디를 갈 때면 맡겨두고 가야하니 그때는 어찌지 하는 생각에 마음이 쓰였다. 그런데 노을이가 철이 든 가난한 집 맏이처럼 우리의 걱정을 헤아리는 듯해서 마음이 짠하다.

하늘과 바다의 잔치에 가끔 노을이가 멍하니 서있다. 무슨 생각에 빠져 있는 듯한 표정이다. 나는 노을이가 동물이라는 걸 잠시 잊는다. 윤회를 통하여 개로 태어난 목련존자의 어머니를 떠올리며 노을이가 사람과 닮은 영혼을 가지고 있지 않나 싶어진다. 사람들처럼 동물도 아름다운 기억과 떠올리고 싶지 않은 기억을 가지고 있을 것 같다. 그렇다면 노을이와 우리는 전생과 이승을 넘나드는 지점에서 자연스럽게 만나 현재에 이르렀는지 모르겠다.

노을이의 맑은 눈빛을 보면 내 마음이 선해지는 것 같다. 변함없이 녀석과 잘살아야 할 텐데 내 몸도 건사하기 귀찮은 나로서는 장담할 수 없는 일이다. 남편이 노을이를 잘 보살피고 있으니 안심은 되지만 그래도 끝까지 노을이의 삶을 책임질 수 있을지 조금은 걱정이다. 노을이의 상처를 더 이상 덧나지 않게 해야 될 것 같다. 이별이 아프다는 것을 알게 된 노을이가 다시는 그런 일이 없었으면 하는 마음이다.

쪽문 너머 보이는 바다에 노을이 물들기 시작했다. 파스텔 물감을 뿌려놓은 듯 황홀했다. 노을이 내게로 왔다.

설악산에서

 어둠을 헤치고 일행은 마치 게릴라전을 펼치는 특수부대처럼 설악산에 잠입했다. 밤 열시에 출발한 버스는 새벽 세시쯤 오색에 닿았다. 사방은 깜깜했고 안개가 마중 나왔다. 산은 가파른 등줄기만을 허용했다.

 한밤중을 틈 타 기어오르는 침입자를 막기 위해선지 하늘에는 한 점의 달빛조차 없었다. 오직 일행들의 가쁜 숨소리와 무거운 발자국 소리만이 들릴 뿐, 사위는 고요했다. 앞은 보이지 않지만 웅장하게 들리는 물소리가 계곡

가까이 있는 것으로 느껴졌다. 비가 오지 않는데 산은 흠뻑 젖어있었다. 옷자락이 나뭇잎에 스칠 때마다 물방울이 '후두둑'거리며 떨어졌다. 정복자의 침입으로 밤공기가 잠시 어수선하였지만 다시 침묵에 빠져들었다.

출발할 때 마음과는 달리 얼마가지 않아 숨이 목까지 차오르고 다리가 당겨 걷기가 힘들었다. 힘이 소진되어가듯 손에 든 후레쉬의 불빛도 점점 흐릿해졌다. 깜박거리더니 마침내 후레쉬 두개가 모두 꺼져버렸다. 체력이 바닥났는지 현기증이 났다. 달포 전부터 포진해있던 감기 때문인지 머리가 지끈거리고 다리가 자꾸 풀렸다. 몇 시간을 그렇게 죽을힘을 다하고 있을 때, 누군가 대청봉이라고 말하는 소리가 들렸다. 드디어 대청봉에 서니 비가 조금씩 내리고 안개가 자욱해 주변은 아무것도 보이지 않았다.

영원히 잠을 깨지 않을 것 같은 대청봉을 뒤로하고 한참을 내려가서야 설악산의 모습이 슬금슬금 드러나기 시작했다. 해가 떠오르면서 안개가 걷히기 시작했다. 바로 눈앞에 용아장성과 공룡능선이 버티고 있었다. 동화에 나오는 요술 성처럼 바위가 뾰족뾰족하였다. 태고의 숨결이 그대로 살아 꿈틀대는 것 같았다. 소나무가 스스로 자신의 키를 낮춘 듯, 아담하였다. 바위에 몸을 바싹 붙인 소나무의 날렵한 모습이 마치 발레하는 소녀 같아 보였다.

 화채능선은 이름처럼 예쁜 화채를 띄워 놓은 듯 했다. 얼음속의 빨간 수박처럼 붉은 단풍이 능선을 수놓고 있었다. 휴식년제를 맞이한 비탈진 길을 아슬하게 곡예를 하듯, 하산하기를 서너 시간이 되었다. 죽음계곡이라 불리는 계곡을 지나갔다. 계곡의 높낮이가 심하여 그야말로 죽을 것 같은 심정이었다. 산은 올라온 높이만큼 다시 내려가야 하였다. 빨려들 듯한 계곡에서 벼랑을 마주치기도 하고 한 가닥 매어놓은 밧줄에 매달리기도 하였다. 산은 모든 세상의 이치가 공평하다는 말을 일러주고 싶은 듯, 오른 만큼 내려가기를 반복하였다.

 설악의 기암괴석은 잊을 수 없는 시간을 쌓아두었다.

신의 영역과도 같은 수많은 암자와 바위, 그중에서도 칠성봉, 천당폭, 천왕폭포. 세존봉 같은 이름은 인간을 지키는 수호신의 이름이기도 하였다. 정한수 떠놓고 칠성당에 머리 숙여 자식을 위해 기도하는 모성의 마음이 계곡과 바위에 새겨있었다.

벼랑은 산에서 맞이하는 위기였다. 벼랑을 오르내리다 보면 인생은 어느 사이 이 산에서 저 산으로 훌쩍 넘어가게 된다. 멀리 계곡에서 폭포가 흩날리듯 떨어지고 있었다. 벼랑에서는 폭포도 한낱 가벼운 물방울에 불과했다. 왜가리가 벼랑 끝에서 하얗게 질려 있었다. 왜가리 옆에 사시나무 떨듯이 떨고 있는 사시나무, 그들도 모두 벼랑은 아찔한 곳인 것 같다.

배낭을 멘 사람들이 한 폭의 산수화가 되어 절벽을 안고, 계곡을 끼고, 바위를 타면서 온몸으로 산을 맞이하였다. 눈앞에 펼쳐있는 자연의 숨소리는 세월을 돌고 돌아 계곡을 타고 내리는 회귀였다.

설악산은 수 억 년을 하루같이 자신의 길만 바라본다.

바위는 아무 생각이 없는 듯 어떤 일에 연연하지 않아 보인다. 세월만큼 주름진 바위의 나이테는 거꾸로 나이를 먹는 듯 날렵하다.

 열 시간의 등정으로 설악을 정복하려는 어설픈 인간들을 벼랑으로 밀어 넣는 것 같았다. 산을 내려오는 것도 쉬운 일이 아니었다. 헛디디면 떨어질 곳이 어딘지도 가늠 못할 깊은 곳이었다. 자연의 깊은 속내를 우리가 알 리 없다. 사람들은 언제나 바쁘게 산을 뒤로하고 발걸음을 재촉하지만 산은 그대로였다. 만날 때마다 다른 깊이로 와 닿는 산, 몇 번을 더 와야 설악산, 그 눈빛을 읽을 수 있을까.

섣달그믐

고향의 개는 귀가 밝다. 사람의 그림자가 들어서지 않았는데도 짖기 시작한다. 한 마리가 짖으면 이집 저집 개가 따라서 왕왕거린다. 평소와 달리 섣달그믐에 개 짖는 소리는 시끄럽게 들리지 않는다. 설을 쇠려고 고향으로 돌아오는 사람들을 반기는 인사 같아 정겹게 들린다. 바람을 타고 들려오는, 개 짖는 소리에 섣달그믐 밤은 빨리 이슥해져 갔다.

그믐날 저녁은 흩어져 있던 가족이 화롯불에 둘러앉아

이야기꽃을 피우던 옛날로 돌아간다. 불씨를 모으며 개 짖는 소리에 귀를 쫑긋거리게 되는 건 꼭 누군가가 찾아 올 것만 같아서 일게다. 동네 어귀에 들어서는 사람은 이 집 저집 개 짖는 소리를 들으며 내일이 설날인 것을 진하게 실감할 것만 같다.

설빔으로 사준 운동화를 머리맡에 두고 빨리 아침이 오기를 기다리던 저녁은 설레임, 그것이었다. 그믐이 지나면 새해가 시작된다는 의미도 모른 채 푸짐한 음식과 얼마간의 세뱃돈이 생기는 것만으로 즐거웠으니까.

한 살을 더 먹는 일에는 필요한 의식이 많다. 조상님께 차례를 지내는 일이 우선이고 일가친척 어른께 인사를 드리는 일이다. 귀성 인파가 귀성 전쟁이라는 말을 낳게 되었고 귀성객을 보면서 비로소 한국인의 끈끈한 가족애를 동감하게 된다.

내가 어릴 때는 떡가래를 뽑기 위하여 이른 아침부터 밤늦게까지 방앗간에서 줄을 섰다. 김이 무럭무럭 나는 떡가래를 바람이 잘 통하는 곳에 두어 꼽꼽하게 말렸다.

낮일이 다 끝난 한가한 시간에서야 손을 보았다. 할머니랑 엄마는 저녁내 떡가래를 써셨고 우리 형제는 잘못 썬 떡가래를 주워 먹었다. 칼이 무디어지면 장독에 쓱쓱 문질러 다시 썰었다. 멸치로 육수를 진하게 내어 노른자와 흰자로 곱게 지단을 만들었다. 볶은 쇠고기를 고명으로 얹은 떡국은 설날 전후에나 먹을 수 있는 음식이었다. 몇 개 남겨둔 떡가래를 살짝 구워 꿀에 찍어 먹으면 맛이 일품이었다.

명절이면 객지로 나간 가족이 옹기종기 모여든다. 마을에는 닮은 얼굴들이 눈에 띄면 아무개집에 누구라는 이야기를 들으면서 고개를 끄덕이게 된다. 언제나 타향인 도시 생활에도 제자리는 있다. 명절만큼은 부모와 형제를 만나고 싶은 그리움이 고향의 빛으로 따스하게 감싸준다.

피는 물보다 진한 우리민족의 혈연의식은 가족을 결속시키는 구심점이 되기도 한다. 그나마 명절이라는 것 때문에 객지에 나가서 사는 가족의 얼굴이라도 보게 되는 것이 퍽

다행스런 일이다. 명절이 없었다면 이런저런 이유로 만남이 어려워졌을 것이다.

이제는 섣달그믐의 풍경이 많이 바뀌어서 음식도 많이 하지 않는다. 나도 먹을 사람이 없어 음식 양을 줄였다. 아들이 오징어 튀김을 좋아해서 큰 소쿠리에 가득 만든다. 자식이 자연스럽게 부모 곁을 떠나 살아가게 되는 이치를 새기면서 그런 연습을 하고 있다고 생각했다. 올해는 추석도 설도 아들이 없는 명절을 보내게 되었다. 성인이 되면 자식을 독립시키는 외국의 부모처럼 부모인 내가 먼저 강인한 마음가짐이 있어야 할 것 같다. 스스로 살아가는 것을 터득해야 한다면, 더 이상 자식에게 부모가 해주어야 할 것이 없기 때문이다.

섣달그믐날은 한 해를 끝낸 고통과 시작이 기쁨으로 몸을 추스르는 날이다. 달빛에 몸을 기울이는 초하루의 떨림을 가만히 삭히고 있는지도 모른다. 부모가 자식을 기다리듯이, 고향은 달빛이 어둠 속에 잦아드는 것처럼 모두를 기다리고 있으리라.

은을암의 새

  친구들과 봉계 마을에서 시작된 산행은 온통 봄의 메시지로 가득하였다. 은을암에 도착해서 내려다보는 풍경은 사람이 사는 곳이라기보다 구름이나 바람이 머무는 평화로운 모습이다. 멀리 보이는 마을은 한 폭의 그림 같다. 봄의 초입이라 푸르스름한 나무 사이로 길이 보였다. 겨울동안 엎드려 있던 풀들과 계곡이 머리를 들고 산기슭에는 흑염소가 무리를 지어 신바람이 나서 뛰어 다녔다.

나뭇가지가 내 몸에 부딪힐 때마다 싱그러운 탄력이 탱탱하게 전해왔다. 진달래는 금방이라도 꽃망울이 터질듯 하였다. 연두 빛 새순과 이름 모를 산나물, 꽃물을 가득 머금은 들꽃들이 입을 모아 노래를 하였다. 산은 바야흐로 초경이 막 시작되는 사춘기의 설렘으로 부풀어 있었다. 슬픔이 무언지 이별이 무언지 아직은 알 길 없는 소녀처럼, 온통 세상이 사랑으로만 보이는 모습이다.

지아비가 건너간 바다 쪽을 바라보며 애통한 여인의 눈물이 굳어 돌이 되었다는 치술령에도 봄이 찾아왔다. 비록 가슴속에 맺힌 한이 응어리져 망부석이 되었지만 밀려오는 봄빛은 마다할 수가 없는 듯하였다.

친구들과 잠시 배낭을 풀고 망부석 주변을 기웃거렸다. 어디선가 새 한 마리가 '포르릉' 날아와 나무에 앉았다. 여러 마리가 날아와 나무를 오가며 이야기를 나누었다. 가냘픈 새소리가 자꾸만 들리는 것 같았다. 아마 지난날 나누지 못했던 사랑을 전하러 동해에 날아온 전령이 아닐까. 동해 쪽을 바라보니 마침 이름 모를 새 한 마리가 인기척에 놀라 날갯짓을 하며 뿌연 산등성 너머로 힘차게 날았다.

 신라 충신 박제상이 인질로 잡혀간 미해왕자를 구출하기 위해 왜국으로 떠난 뒤, 부인 김씨는 동해가 내려다보이는 치술령에 올라가서 남편을 기다렸다. 남편이 처형되었다는 소식을 듣고 두 딸과 함께 독약을 마시고 남편의 뒤를 따라 죽었다. 김씨는 망부석으로 변하였고 혼은 새가 되어 절이 있는 바위틈에 숨었다하여 그 바위를 은을암이라고 하였다. 그뒤, 충절과 정절을 기리기 위하여 암자를 지었다고 한다.

 여인은 삭풍 불어오는 겨울밤도, 지아비 없는 서러운 시집살이도 다 참아 내었다. 그래도 하늘이 맺어 준 인연이라 여겼기에 한 남자 섬기기에 목숨을 바쳤다. 열녀나 현모양처라는 말도 다 그런 음덕에서 나온 말일 것이다. 남편을 하늘같이 받들고 부모를 공경하고 자식에게 예를 다하는 것이 그 시대에 갖추어야 할 덕목이었다. 여자의 일생이라는 가요가 그냥 생겼겠는가.

부덕과 희생으로 다져왔던 여인의 삶. 그 길이 곧 자신을 지켜내는 길이기도 했었다. 참는다는 것은 언제부턴가 잊혀진 단어가 되었다. 이제는 도리보다는 능력이 앞서야 하고, 신의보다는 현실이 중요하다.

석 달 사랑하고 삼십 년을 책임지는 부부라는 것도 알고 보면 서로에게 채무자가 되는 셈이다. 죽을 때까지 갚아야 할 빚이 있다는 것은 그래도 사랑이 깃들어 있기 때문일 것이다. 마음으로는 보따리를 몇 번이나 싸지만 남은 사람이 불쌍해서 떠나지 못한다는 사람도 있다. 어제 한 잔소리 오늘 또 하게 되는 것이 부부다. 무관심도 듣기 좋게 신뢰라고 말해가며 꼬리도 적당히 내릴 줄 안다. 부부로 사는 일이 악연이라 말들 하지만 그러나 악연 중에서는 순도 높은 인연인 것을.

망부석이라는 이름, 그 이름 하나 얻어 치술령을 밝히는 달빛으로 남았는가. 지금도 은을암의 새가 동해를 날고 있었다.

아파트 공화국

 빈집에 목련이 눈부시게 피었다. 마당에는 하늘을 향해 거꾸로 서있는 냉장고와 깨어진 항아리, 잡동사니 살림살이들이 널브러져 있었다. 문짝은 다 쓰러져있고 고양이들이 먹이를 구하러 부서진 창문 난간을 기웃거렸다. 어떤 날은 고양이가 꼬리를 바짝 세워 서로 마주 보고 으르렁거리기도 하였다.

 한동안 노숙인으로 보이는 남자들이 빈집에 들락거렸다. 가끔 슈퍼 앞에서 그 남자들이 아침부터 안주도 없는 술을 마셨다. 그리고 얼마 후에 그 집에서 두 사람이 나 죽었다는 소문이 들렸다. 경찰이 그들의 가족을 찾지 못해 법적 절차에 따라 시신을 실어갔다고 하였다. 또한 노숙인의 가족은 시신을 찾아가기를 거부했다는 말도 있었다.

십여년 전에 이 마을에 재개발 현수막이 나부끼면서 건설사들이 경쟁적으로 설명회를 열었다. 여러 가지 홍보물을 돌리고 주민들을 설득하였다. 동네사람들은 재개발을 하느냐 마느냐, 어느 시공사를 택하느냐는 문제를 놓고 첨예하게 나뉘어졌다. 어제까지 눈을 맞추던 이웃사람들이 냉랭한 표정으로 얼굴을 돌렸다.

시공사가 여러번 바뀌면서 물고 물리는 격전이 고소고발로 이어졌다. 결국 비리에 연루된 조합장의 죽음과 주민들의 반대로 재개발이 무산되었다. 마을은 빠르게 원룸과 오피스텔이 들어서는 마을로 변화되었다. 주택은 편안한 보금자리의 기능을 잃고 월세를 받는 수입원으로의 가치를 따라갔다.

그동안 주변에 재개발된 아파트가 곳곳에 분양되었고 재개발 프리미엄은 억! 소리를 내는 곳이 많았다. 오래된 집을 팔고 새집을 사려는 사람들, 프리미엄을 받고자 하는 사람들, 아파트 광풍에 나라가 휘청거렸다. 자고나면 얼마가 올랐다는 소리에 나도 줄을 서기도 하였다. 대출도 능력이라면서 몇 억씩의 빚을 지고도 의기양양하게 살 수 있는 것은 다 이유가 있었다. 아파트 불패신화가 연일 이어졌기 때문이다.

프랑스 지리학자인 발레리 줄레조는 '아파트 공화국'이라는 저서에서 한국의 건축은 왜 아파트만을 지을까 하는 질문을 던졌다. 좁은 땅에서 많은 사람이 살기위해서 아파트를 지었다면 아파트가 많은 곳에는 인구밀도가 높아야하는데 딱히 그렇지 않다고 한다. 프랑스의 아파트는 하위계층에서 시작한 반면, 한국의 아파트는 상류층에서부터 시작하였다. 한국의 아파트는 중상위층을 위한 것이며 하위 층과 중산층의 끊임없는 동경과 갈망의 대상이 되었다. 사람들이 아파트가 편하다고 생각하는 것은 대개 몇 십 년 전에 지어진 단독주택과 아파트를 비교하기 때문이다.

 오래된 것은 모두가 촌스럽고 불편하다는 인식아래 전통은 사라지고 새 건물만 들어섰다. 거기에 투자의 수단이 되면서 재개발은 가진 자와 그러지 못한 자들로 구분하게 되었다. 개발이라는 이름아래 사람들은 추억의 흔적을 묻어버렸다. 어디를 가나 거대한 아파트 단지만이 위용을 뽐내고 있다. 요즘 골목을 살리고 재래시장을 살린다고 돈을 퍼붓고 있다. 이미 우리가 보존해야할 것들은 파괴된지 오래인데 이제야 희미한 옛사랑을 찾아 쫓아다닌다.

 바람이 매섭던 고갯길도, 해가지면 색색의 물감을 적신 듯 펼쳐졌던 하늘도, 어디론가 쓸려 가버렸다. 고무신으로 배를 띄워 따라가던 냇가도, 같이 놀던 친구도 사라진지 오래다. 흐르던 냇물은 길을 잃고 한동안 헤매다 누군가 만든 낯선 길을 따라갔을 것이다.

 지금도 자신이 살던 곳을 찾는 사람들이 있다. 그들이

간직한 추억을 찾아 세월이 흐르면서 변하기는 했지만 지나온 발자취가 어려 있기 때문이다.

목련나무의 웃자란 가지가 여기저기 휘어져있다. 빼꼼히 열린 하늘을 향해 팔을 뻗고 자신을 찾아줄 주인을 기다리고 있는듯하다. 쓰레기 더미에 갇힌 나무는 서둘러 꽃을 피웠지만 집주인은 나타나지 않았다.

내년에도 목련꽃을 다시 볼 수 있을까.

인생역전

 복권의 열풍이 광풍으로 이어졌다. 복권을 한 번도 사본 적 없는 나도 한번 사볼까 하는 생각이 들었다. 평소에 복권 사기를 즐기던 사람들은 오죽했을까. 남편은 토요일이면 가끔 복권을 산다. 대박을 꿈꿔서 그런지 스릴 있고 행복해 보일 때도 있다.

 당첨 확률이 814만 5060분의 1이라고 하니 비 오는 날 벼락을 맞아 사망할 확률인 2백만 분의 1보다 4배 정도 더 높다고 한다. 그야말로 하늘에 별 따기가 아닌가. 또한 로또 숫자의 비밀은 아라비안나이트의 요술램프 주문을 알아내는 것만큼 어려운 일이다. 아무튼 13명이 일인당 64억 원을 거머쥐었으니 횡재이며, 운수 대통이라 말할 수도 있겠다. 또한 평생 살아도 만져보지도 못하는 돈이니 당첨된 사람들은 인생역전을 맞이했다고 할 수 있겠다. 이번 복권 열풍으로 로또계니 로또 동호회가 많이 생겼다고 한다.

그러나 대박을 터뜨린 사람들의 대부분이 가정 파탄이 일어났다고 한다. 복권이 대박을 터뜨리는 날에는 이혼하겠다는 사람들도 있었다. 갑자기 너무 많이 생긴 돈은, 돈이 몰고 오는 불행으로 악재가 되기도 한다. 그동안 돈 때문에 기죽어 살던 가장들이 큰소리 한번 뻥뻥 치고 싶었던 것일까. 부부가 다투며 사는 원인 중의 하나도 돈이 차지하고 있었다. 우리생활에서 돈이 중요한 부분을 차지한다는 것을 말해주는 이야기이다. 그래서 사람들은 복권가게 앞에 줄을 서게 된다. 또한 좋은 일에는 항상 마가 낀다는 말로 당첨되지 않은 사람들을 위로한다. 쉽게 찾아온 복은 쉽게 나간다던가.

 로또뿐 아니라 일확천금을 노리는 일은 많이 있었다. 유럽에서 한때, 골드러시gold rush 열풍으로 금광을 찾으러 몰려다닌 때도 있었다. 금이 발견되면서 시작된 골드러시는 대박의 꿈을 버리지 못해 평생을 떠돌이로 사는 사람도 많았다.

 사람들은 늘 채워지지 않는 현실에 갈등하고 번민한다. 더 높은 곳을 바라보며 지금보다 더 안락하게 살기 위해 노력한다. 자식에게 공부하라고 채근하는 부모는 자식이 당당하게 잘 살았으면 하는 마음이기 때문이다. 이 험한 세상에 살아남는 길은 반듯한 자리 하나 만들어 제몫을 다하고 사는 일일 것이다. 그러나 그것도 마음뿐이지 쉽게 이루어지는 일은 아니다. 자식으로 인해 부모의 마음은 굴뚝 속처럼 시커멓게 타 들게 마련이다.

 운동 경기에서도 역전은 허다하게 일어난다. 축구경기에서 계속 열세에 몰린 팀이 몇 분을 남겨두고 통쾌하게 골이 들어가 전세가 바뀌기도 한다. 안타만 날리던 선수가 홈런을 치면서 역전승을 거두기도 한다. 마라톤에서 뒤에 섰던 선수가 넘어지는 바람에 몇 번째 섰던 선수가 역전승을 하는 경우가 있다. 몇 분 남지 않은 시간을 두고 선수가 한방을 날리는 순간, 경기장은 환호로 떠나갈듯 하다.

그래서 경기는 끝나봐야 알고 인생은 살아봐야 안다고 했던가. 티이브이에 방영되는 "이것이 인생이다."라는 프로나, 인간극장을 보면 산다는 것은 일생동안 살아보려고 애쓰는 일인 것 같다. 때로는 육신과 정신의 병마에서, 또는 성난 파도가 치는 바다의 복판에서, 인생의 질긴 낚싯대를 걸쳐놓고 고통스럽게 살아가는 사람도 있고 그런 자신의 처지에서도 남을 위하여 살아가는 이도 있다.

먹고살기 위해 악을 써야만 하는 노점상이거나 철거당하지 않으려고 땅바닥에 드러누워 버티는 사람. 돈 없고 힘없는 사람의 목줄을 물고 늘어지는 악덕 사채업자. 정직이나 투명성 같은 것은 무능한 사람들이나 가지고 있는 불필요한 것이라는 인식이다. 지금도 일부 사람들이 검은 이권과 결탁하여 살아가고 있다. 세상을 사는 방법이 어쨌든 집요해진 것 같다.

 누구나 인생역전을 꿈꾼다. 그러나 진정한 역전은 노력 없이 이루어지는 일이 아니다. 고통받는 사람, 외로운 사람, 절망에 빠진 사람에게 인생 역전이라는 티켓을 쥐어 줄 수 있었으면 좋겠다. 암울한 터널을 빠져나올 수 있는 그런 티켓.

그리움 한잔

 가을을 재촉하는 비가 창문을 밀치고 들어오는 소리가 들린다. 아침이면 집안은 한바탕 작은 전쟁이라도 친 듯하다, 식구들이 다 나가고 없는 아침, 어질러진 집안을 대충 정리하고 머그잔에 커피를 채워 창가로 간다. 은은한 커피 향을 맡으며 포만감에 젖는다. 더치커피의 향기가 기억의 저편으로 나를 데리고 간다. 혼자서 커피를 마실 때면 친구가 생각난다.

 아이가 네 살 때쯤 시댁에서 분가하여 마산으로 이사를

했다. 집 앞의 길은 포장이 되지 않아 비가 오면 지렁이가 나왔다. 옆집에 나와 동갑인 여자가 살고 있었다. 아이가 같은 또래이다 보니 그녀와 나는 친구가 되었다. 아침에 남편이 출근하고 나면 그녀를 불러 커피를 마셨다. 그녀의 집은 한 칸짜리 방이었고 우리 집은 미닫이 방이지만 두 칸짜리 방이었다. 그녀는 우리 집에 커피, 프림, 설탕을 갖추어 놓고 사는 것을 부러워했다. 그녀에게 우리 집에서 제일 예쁜 잔에 커피를 담아주었다. 그러나 그녀는 예쁜 잔을 마다하고 우유 컵에 커피를 가득 채워 달라고 하여 단숨에 벌컥벌컥 마셨다.

그녀는 깊은 산골짜기에서 자라 화려한 도시를 꿈꾸었다고 하였다. 읍내에 있는 고등학교를 나와 마산에서 직장을 다녔다. 친구의 소개로 지금의 남편을 만났다. 그런데 결혼한지 얼마되지 않아 남편의 직장이 부도를 맞아 생활이 여의치 못했다. 생활이 어렵다보니 부부가 다투는 일이 많았다. 그런 그녀와 아침마다 커피 한잔 같이 하는 것이 내가 할 수 있는 위로였다. 힘들었던 삶이 그녀의 마음을 갈증 나게했을 것이다. 그래서 뜨겁고 진한 커피를 마시면서 마음을 가라앉혔던 것일까. 집 옆에 시장이 있었지만 그녀와 나는 아이를 업고 걸리면서 조금이라도 싸게 시장을 보려고 멀리 있는 어시장까지 다녔다.

그녀는 음식 솜씨가 좋았다. 대충 만든 것 같아도 맛이 있었다. 우그러진 양푼에 무친 나물과 젓가락으로 '쿡쿡' 찍어먹던 동김치, 커다란 무를 넣은 국물이 짤박한 생선찌개는 정말 맛있었다. 그녀의 음식 맛은 어릴 때 엄마가 해주던 그런 맛이었다 그래서 그녀에게서 엄마의 정 같은 것을 느끼곤 했다.

어려운 살림에 보태기 위해서 친구는 한복 기술을 배우고 싶어 했다. 그때는 계를 많이 하던 시절이었다. 오십만원짜리 백만원짜리 계를 부어 살림도 장만하고 전셋집도 늘여갔다. 나도 몫 돈이 들어오면 쓸 일이 많았지만 그녀가 더 절실하게 돈이 필요한 것 같아 오십만원짜리 계를 타서 통째로 빌려주었다. 그녀는 그 돈으로 열심히 학원을 다녔고 한복집에서 일을 배웠다. 일을 하고 돌아오면 아이들은 엄마를 기다리다 구정물이 떨어질 듯 한 모습으로 밥도 굶고 잠들곤 했다. 그 모습을 보고 주단 집에서 일거리를 받아 집에서 삯바느질을 하였다.

그 이후에 나는 창원으로 이사를 했다. 십년이라는 세월이 흘렀을 때쯤 그녀가 마산 번화가에 주단 집을 차렸다는 소식을 들었다. 그녀가 고생했던 생각을 하니 마음이 벅찼다. 그녀의 성공은 예사로이 된 것이 아니었다. 그녀의 성공이 나의 성공처럼 자랑스러웠다. 지금도 아는 사람만 만나면 그녀는 내공치사를 빠뜨리지 않았다. 만약 그때에 친구가 마음먹은 대로 일이 잘되지 않아 그 돈을 날려 버렸다면 얼마나 상심했을까.

우리가 나눈 커피한잔은 서로에게 위로였고 대화였다. 그리고 어려움을 이겨나가는 유일한 여유였다. 자기 존재를 커피를 마주하며 확인할 수 있었고, 일상의 불만을 그 시간에는 털어낼 수 있었다. 또한 미래에 대한 불안감을 떨쳐낼 수도 있었다. 지금도 아침 커피를 마시며 창문을 열고 밤새 가두어진 공기를 바깥으로 날려 보낸다. 그리고 하루를 준비한다. 커피는 예전보다 더 연하게 마시며 은밀함을 깨지 않으려고 음악을 튼다.

 그녀 이후로 내가 타준 커피를 그렇게 맛있게 먹어주는 사람이 없었다. 그 시간은 친구와 둘이만 아는 아픔을 다독이는 시간이었고 마음의 사치를 누리는 시간이었다. 그녀를 생각하면 동그란 양철 밥상이 생각나고 순박한 아낙의 모습이 떠올려지고 솜씨 좋은 그녀의 손맛이 생각난다. 세월이 많이 흘렀어도 비 내리는 날 커피 한잔을 마주하면 옛날이 보이고 친구가 보인다. 만남이란 코끝으로 전해지는 커피 향처럼 아침 공기 속에 늘 머무는 것인가. 은근히 가슴을 적시는 커피 같은 우정이고 싶다. 진하지도 연하지도 않은 그런 정이...

 모든 것이 달라져도 우리가 가졌던 지난날의 인연은 잊을 수 없는 따스한 추억이 되었다. 시간이 모든 것을 해결해주었다.

바람도 햇빛도 쉬어가는 황덕도

대곡마을 해안을 따라 황덕도 선착장에 도착했다. 칠천도에 딸린 또 하나의 작은 섬, 250년 전부터 사람이 살았다는 황덕도黃德島는 오늘따라 날씨가 좋아서인지 호수 같은 바다였다. 넓은 바다에 떠있는 섬마을, 파도에 밀려온 조가비가 양지바른 곳에서 잠시 쉬었다 가려다 잠이 들어 그대로 눌러앉은 것 같은 마을이었다.

관광객들과 낚시를 하려는 사람들이 삼삼오오 배를 기다리고 있었다. 멀리 보이는 황덕도가 고래 등처럼 보였다. 금빛 태양이 부서져 내리면 바닷속 물고기들은 이리저리 몸을 흔들며 화려한 향연을 펼치는 듯했다. 사람들은 이 작은 섬을 어떻게 발견했을까. 고기 잡으러 나왔다가 풍랑을 만나 이 섬에서 조가비처럼 남아 살게 되었을까. 안골, 지부리, 새지라는 예쁜 마을 이름을 지니고 있는 섬이었다.

황덕도 안골마을에는 십여 가구가 옹기종기 모여 살았다. 마치 형제자매처럼 정겨운 풍경이었다. 바다는 고요해도 물속에서 물고기가 헤엄치는 듯 가끔 잔잔한 파문을 일으키고 지나갔다. 바다 속은 해초가 너울대는 모습이 너무 투명하여 마치 수족관을 들여다보는 듯했다.

황덕도는 누런 황토 땅이라고 누능섬이라 불렀다고 한다. 한때는 백살 이상 장수한 어른들이 많아 장수 섬, 또는 노인덕도老人德道라는 이름으로 불리었다고 한다. 노인덕도는 노란 등이라는 말에서 나온 것이라고 기록한 문헌도 있다. 장수하는 노인이 많이 사는 마을이라 덕이 있는 노인 섬이라 부르기도 했다. 이 섬을 누른 등이라

하여 누렇다는 누를 황黃자에 등을 덕德으로 표기하여 일제시대 때, 황덕도라 개명하여 오늘의 이름으로 불리어지고 있다.

그런가하면 이 섬에 사람이 살기 전부터 숲이 울창하여 크고 작은 노루들이 많이 살고 있었는데 그 노루들이 섬 언덕에 노는 곳을 지켜본 사람들이 노루언덕으로, 그리고 노런 덕이 되었다가 노른디기로 불리었다고도 한다. 이곳 산마루에는 구기자나무가 있는 우물이 있어 그 물을 마시고 장수하였다는 말이 지금까지 전해져 오고 있었다.

하얀 털을 가진 강아지 초롱이가 내내 눈망울을 초롱초롱 거리며 내 옆을 따라다녔다. 조용한 마을에서 오랜만에 사람을 만나니 초롱이도 반가웠던가 보다. 마침 배를 타려고 선착장에 서있는 한 가족을 만났다. 이 마을이 고향인 도선장이신 그는 젊은 날 자신의 러브스토리를 들려주었다. 황덕도에서 칠천도까지 고무대야에 옷을 벗어 담고 헤엄쳐 지금의 부인을 만났다고 했다. 황덕도로 돌아갈 때는 다시 고무대야에 옷을 담고 헤엄을 쳐서 돌아오곤 했다며 지난날의 감회에 젖었다.

 연인을 만나고 싶은 마음에 목숨을 걸고 바다를 건넜던 그 열정을 이야기 하면서 쑥스러움을 감추지 못했다. 오로지 사랑하는 정인을 만나고 싶은 일념하나로 차가운 바닷물에 몸을 던졌던 청춘이었다. 아름다운 러브 스토리를 간직한 주인공을 태운 배가 통통거리면서 한참을 갈 때까지 노모는 손을 흔들어 주었다. 아들, 손자, 증손자가 뭍으로 가는 것이 못내 아쉬운 듯 보였다. 동시에 마음 한편에는 뿌듯하게 여기시는 것 같기도 했다. 믿음직스런 마음이 가득 담긴 노모의 표정이었다.

 섬은 구비치는 물결마다, 어김없이 찾아오는 계절을 포근히 감싸주는 고향이었다. 지난봄, 찬란한 생명으로 노닐던 새끼고기들이 어미고기가 되어 다시 새끼를 낳는다. 섬은 그 생명들을 끌어안아 끊임없이 보살피고 품어 안았다. 있는 그대로, 가는 그대로 세월을 살아가는 수많은 생명들과 사람들, 모두가 다르지 않게 같이 살아간다.

 넉넉한 어머니의 품, 풍랑으로 거칠어진 파도소리로 밤을 지새울 때도 있지만 그래도 토닥토닥 어루만져주는 어머니의 손길이 있어 쓸쓸하지만은 않았다. 육지로 연결되는 수야방도가 풍경화처럼 바다에 걸려있었다. 송포 마을에서 잘 보이는 수야방도는 신비감이 드는 천혜의 비경이라 할 수 있었다. 작아서 더 아름다운 섬, 작아서 더 애틋한 섬이다. 사람이 살지 않는 무인도에는 자연, 그들만의 이야기가 있었다. 인간이 머물지 않는 섬과 바다는 자유로움을 만끽하고 있었다.

 로빈슨 크루소가 무인도에서 제일 놀라고 무서웠던 것은 바로 사람의 발자국이었다고 하였던 것처럼 외로움이 자유로움이고, 그 자유로움이 모든 것을 견디게 하는 힘을 주는 것이지 않을까. 우리가 섬을 찾는 것은 무엇보다 자신을 이해하기 위해서인지 모른다. 자신도 모르는 자신을 찾아 화해하는 것, 그동안 상처를 많이 준 자신에게 또 다른 내가 내미는 손을 잡고 따스한 온기를 확인하는 일이다. 살아오는 동안 크고 작은 상처들을 치유하고 사랑받는다고 생각되는 여행이었다.

지금은 열공 중

  학교 도서관은 기말시험 준비를 하는 학생들 때문에 빈자리가 없다. 겨우 구석 자리 하나를 차지하였다. 도서관 창문밖에 눈발이 흩날렸다. 그냥 지나가는 진눈깨비이거니 하였는데 다시 고개를 들어 창을 보니 눈이 펄펄 내리고 있었다. 공부에 열중하던 사람들의 시선이 모두 창가로 향하였다.

  교정에 눈이 탐스럽게 쌓이기 시작하자 학생들이 하나 둘 자리에서 일어나 바깥으로 나가기 시작하였다. 복도

창가에서 눈 내리는 모습을 스마트 폰으로 찍는가하면 교정의 벤치 옆이나 나무 앞에서 포즈를 잡고 사진을 찍었다. 머리가 희끗희끗한 학생들이 학교 뒤편 산책로를 걸으며 하얀 발자국을 찍기도 하였다.

 풋풋한 가슴으로 세상을 품었던 그 시절, 젊음만으로도 빛났던 시간에 많은 이야기를 나누었던 청춘이 면학의 전당에서 새로운 인생을 구가하고 있었다. 학문에 빠져든 인생의 노장들, 아낌없이 쏟아 부었던 삶의 여정, 지금까지 써온 삶의 역사를 새롭게 쓰기 시작하겠다는 의미인가 싶다. 머리에 하얗게 서리가 내려앉는 것도, 밖에 어둠이 깔리는 것도 의식하지 않은 채 오직 앎의 길로 가고 있는 것이리라.

 가물거리는 글씨와 씨름하며 향학열을 불태우는 만학도晚學徒의 모습이 신선해 보였다. 십 년째 오개국어를 종횡무진하시는 A 선배님, 동서양의 고전과 미학을 훤히 꿰고 계신 B 선배님, 은퇴 후, 유기농과 약초재배를 꿈꾸는 후배의 당찬 포부를 들었다. 그동안 미루어왔던 학업에 대한 마침표를 찍기 위하여 바쁜 마음으로 책상 앞에 앉은 내가 부끄러웠다. 충족되지 못하였던 지난 시간을 오히려 이해하게 되었고 누구든 포용할 수 있는 마음이 생기는 것 같다.

배움은 때가 있다고 하지만 그것보다 배움의 의지를 놓지 않는 것이 더 중요하다. 미래에 좋은 위치를 갖기 위한 목적의식을 강요하여 왔고 늘 그런 강요를 스스로에게 부여하였다. 공부가 즐겁기는 하지만 눈도 더 나빠졌고 여러 시간 앉아있다 보니 뱃살이 붙어 몸이 무겁다. 하나를 읽으면 두 개를 잊어버리니 공부는 내가 해야하는 것이 아니라는 생각이 계속 들어 나보다 더 연세 드신 분은 어떠실까하는 마음이 든다. 공부하겠다는 마음만 가득할 뿐 따라주지 않으니 체력을 잘 안배하여 즐김으로 가야하겠다.

먹고 사는 것도 힘들어하던 시절, 맏이였던 나는 집안 생활비를 걱정하여야 했고. 아침마다 돈 달라고 부모님께 손 내미는 동생들을 보면 어디로 도망가고 싶었다. 그러나 힘없는 아버지를 원망하기에는 아버지의 짐이 너무 무거워보였다. 공부 잘하는 남동생이 학업을 중단하였을 때, 가슴이 아팠다. 지금은 그 동생이 국영기업의 최고위 간부가 되었다. 그러기위해서 지난시간동안 수많은 노력을 기울여왔다. 지난 시간들이 예사롭지 않은 시간이었다. 동생은 일을 하면서 책을 놓지 않고 공부를 하였고, 뒤 돌아볼 틈도 없이 앞만 보고 달렸다.

가족을 먹여 살리기 위해 생활전선에서 뛰다보니 불혹을 넘기고야 뒤늦게 책을 잡는 이들이 많다. 공부하지 못한 것이 한이 되어 자식교육만큼은 뼈가 부서지는 한이 있어도 하겠다는 결의에 차 있었다.

공부를 해서 취업을 하려는 것도 더 높은 학부로 올라가려는 것도 아니다. 언제 이렇게 열심히 공부를 하였으며 어떤 일에 공부 이상의 진지함을 가져보았던가. 죽을 때까지 배우고 싶은 사람들이 열정을 쏟아내고 있었다. 그동안 살면서 간절했던 학구열로 자신의 인생을 채울 수 있는 자신감이 생겼기 때문일 것이다.

무언가를 배우려 할 때가 얼마나 행복한 때인지 그 사실을 깨닫는 것이 즐겁다. 무엇보다 인생이 넓고 깊어지는 느낌이다. 지금 무엇을 배우고 노력하는 사람들을 보니 뿌듯하다.

영원한 오빠

 부부모임에서 노래방을 갔을 때였다. 노래방 여주인이 남편을 오빠라고 부르면서 반색을 했다. 평소에 남편 성격이 다른 여자와 오빠, 동생 운운하는 스타일도 아니고 오빠라 쉽게 불릴 나이도 아니었다. 슬그머니 화가 났지만 체면에 화를 낼 수도 없고…, 남편은 별것 아닌 것처럼 웃어넘겼다.

 남자들에게 오빠라는 호칭이 싫을 이유는 없을 것 같다. 사무적인 호칭보다 애교스럽고, 친근감이 있어 훨씬 좋을 것 같다. 내가 오빠라는 존재에 작은 환상을 가진 것처럼 남자들의 누이에 대한 환상도 있다. 누이를 향한 연민, 애틋한 감정들이 가슴 한쪽에 있는지도 모르겠다.

한잔 거나하게 취한 분위기에서 귀여운 여자가 오빠, 오빠 하면서 눈웃음친다면 분위기가 더한층 무르익을 수도 있겠다. 그게 진심이든 상술이든, 근엄하던 남자가 오빠라는 이름에 허물어지는 것은 어린누이의 모습이 아직도 우리 오빠들에게 끈끈하게 남아있기 때문이지 않을까.

언니가 엄마 대신 느껴지듯 오빠는 아버지 다음의 보호자인 것 같다. 아버지보다 오빠를 더 무서워하는 친구도 있었다. 동생을 책임지고 보살피라는 아버지의 권위를 자연스럽게 오빠에게 넘겨주기 때문일 것이다. 오빠라는 존재는 가족들에게 버팀목으로 삶의 무게를 덜어주는 정신적 지주가 되기도 하였다. 예전에는 부모들이 가족 중에서도 장남이 잘되어야 한다며 몰아주는 것도 가정의 기둥역할을 하라는 의미였을 것이다. 삼종지도三從之道의 뜻도 담겨있는 것 같다.

내게는 오빠가 없다. 나와 친했던 친구는 오빠가 세 명이나 있었다. 그 중에서 특히 셋째 오빠가 제일 멋있게 보였다. 오빠하고 장난치는 친구를 보면서 부러운 생각이 들곤 했다. 그 오빠는 모범생이었다. 공부도 잘했지만 얼굴도 잘생겼다. 친구덕분에 나도 오빠라고 부르는 호사를 누리기도 했다. 친구 오빠가 나에게 말이라도 건네면 얼굴이 붉어졌다. 오빠라는 단어에는 이성의 감정도 포함되어 있는 것 같다. 수많은 연인들의 출발은 오빠동생에서 시작되는 일도 많았다.

어릴 때 오빠는 여동생을 괴롭히는 남자아이들을 당당히 응징하는 슈퍼맨과 같은 존재였다. 커다란 손으로 누이의 머리를 쓰다듬어주기도 하며 아주 사소한 것까지 보호해주는 가족이 또한 오빠였다. 살아가면서 모자라는 부분을 채워주는 오빠를 수많은 여동생들이 동경하고 있는지도 모른다.

남자들은 오빠라고 부르는 여자에게 약하고 여자들은

너그럽고 자상한 남자에게 오빠의 마음을 느낀다. 그래서 남자들은 오빠라는 호칭에 단단하게 다잡았던 마음이 자기도 모르게 풀려 보호본능이 꿈틀대는 것은 아닌지.

가끔 올케와 시누이 사이에 갈등을 일으키는 일도 알고 보면 오빠를 내어주는 누이의 질투가 깔려있다고 생각된다. 오빠라는 존재는 아직도 누이들의 가슴을 설레게 하는 정신적인 안식처로 남아있는 것이리라.

요즘에는 진짜 오빠도 오빠, 남자친구도 오빠, 남편도 오빠라고 부르니 오빠라는 단어는 해석하기 나름이다. 시장에서도 오빠, 술집에서도 오빠, 오빠가 나오면 우리의 오빠들은 만사형통이다. 오빠는 어디에서든 통하는 남자의 영원한 애칭이다.

비단구두 사가지고 오신다던 오빠, 누이의 눈물을 닦아주는 오빠, 누이를 위해서는 무엇이든 다 해주겠다던 오빠,

우리의 변함없는 연인인 오빠를 어디 한번만 믿어봐?

3부

쇠비름

쇠비름

 콩 심은 밭에 잡초만 가득하였다. 그중에서도 쇠비름이 밭을 다 차지하고 있었다. 바싹 엎드려 있는 쇠비름을 손으로 당기니 뿌리는 끄떡도 하지 않고 줄기와 잎만 떨어져 나왔다. 겉으로는 약한 척, 조금만 손이 닿아도 부러지는 쇠비름의 힘은 역시 뿌리에 있었다.

 뒷집 형님이 콩을 심기 전에 콩에 빨간 약을 발라주었다. 새들은 빨간 약을 바른 콩을 보면 혼비백산 날아간다고 하였다. 마치 아이가 젖을 뗄 때 엄마 젖꼭지에 빨간 머큐로크롬을 발라 눈속임을 하는 것과 다를 바 없었다.

기다리던 비가 내렸다. 콩 껍질이 부풀면서 머리를 들자 연둣빛 속살이 살짝 비쳤다. 콩은 엄마 뱃속에서 몸을 동그랗게 말아 세상으로 뛰어나올 자세를 하였다. 조금 있으면 줄기를 세워 양팔을 벌릴 것이다. 하루빨리 바깥 세상이 보고 싶은 것이다. 콩이 겨우 눈을 뜨고 심호흡을 하고 있는 중에 잡초들이 너풀거리며 순식간에 콩을 에워쌌다. 나는 완전무장을 하고 잡초를 몰아내기위해 풀섶에 들어섰다. 다른 잡초들과 함께 쇠비름도 부지런히 자기 영역을 구축하고 있었다. 비를 흠뻑 맞은 쇠비름의 줄기와 잎이 발그레하게 윤기가 났다. 거기다 살이 올라 유들유들해진 쇠비름이 콩이 묻힌 흙 위까지 거침없이 침범하였다. 쇠비름은 아무런 제한구역도 없다는 듯이 사방으로 손을 뻗고 있었다.

쇠비름이 몸에 좋다는 소리를 들으니 "이놈의 풀을!" 하던 마음이 한결 누그러졌다. 쇠비름에 오메가3가 견과류보다 많고 장이나 간 해독은 물론 항암작용에 아토

피까지 효과가 있다고 하였다. 그동안 길에서나 밭에 지천으로 널려있어 눈여겨보지 않았는데 그 말을 들으니 쇠비름이 잡초가 아니라 콩보다 더 귀한 손님인 것 같아 눈길이 부드러워졌다.

세상 오래 살다보면 사람뿐 아니라 식물도 자리가 바뀌는 모양이다. 예전에 하찮게 여기던 것들이 대접을 받는 경우가 있다. 요즘은 무엇이 몸에 좋다고 하면 귀가 솔깃해진다. 쇠비름이 많은 곳에 품질 좋은 옥수수가 열린다고 한다. 쇠비름의 뿌리가 토양을 부드럽게 하고 섬유질화 시켜 거름의 역할을 한다고 하니 흙에게는 일종의 펌프역할을 하는 셈이다. 알고 보니 서로가 어울려 잘 살아가고 있었다.

신은 결코 쓸모없는 것을 만드는 일은 없다고 하지 않던가! 결국 사람들이 원하는 식물을 거두기 위해 다른 식물을 제거할 뿐이다. 다른 잡초도 분명 우리가 밝혀내지 못한 어떤 효능을 가지고 있을 것이다. 잡초라는 말은 쓸모를 모르는 사람들이 풀에게 붙인 수식어에 불과하다.

오행초, 마치채, 장명채라고 불리며 약효를 인정받았던 쇠비름이 신약의 개발로 주춤하였다가 최근 다시 많은 관심을 받게 되었다. 쇠비름은 스스로를 지켜오며 언젠가는 자신의 가치를 알아줄 때가 있을 것이라고 생각했을까. 잡초라는 말은 사람들의 이기심에서 생긴 이름이다.

 콩을 키우기 위해서 쇠비름을 뽑을 수밖에 없지만 좋은 약이 된다고 하니 쇠비름으로 효소를 담기로 했다. 내동댕이쳤을 쇠비름을 다칠까봐 조심스럽게 모셔와 몇 번씩 샤워하여 물기를 뺐다. 깨끗이 몸을 닦은 쇠비름이 설탕에 버무려져 항아리에 들어가는 순간, 예전의 잡초가 아니라 어엿한 약용식물이 되었다.

 그동안 잡초로 외면당하고 무시당했던 그 세월마저 삭혀져 가족의 건강을 지키는 식품으로 태어났다. 효소가 된 쇠비름은 생선조림에도, 나물무침에도, 멸치볶음에 넣어도 전혀 어색하지 않다. 우리 집 주방의 한자리를 얻은 쇠비름이 다른 양념들과 잘 어울려 깊은 맛을 낸다.

척박한 땅에서도 불평없이 잘 살아왔던 것은 누가 뭐라 해도 자신을 잡초라고 생각하지 않은 듯하다. 그런 마음이 잡초가 가진 장점이며 초지일관의 자세이다.

쇠비름은 욕심도, 자만도, 열등감도 없다. 묵묵히 살다 보니 오늘에 온 것이다.

통하다

 '필'은 느낌이다. 필이 통한다는 말은 느낌이 좋다는 것이다. 어디에서 만났던 사람 같기도 하고 누군가를 닮은 사람같이 낯설지 않다. 섬광처럼 스치는 예감, "아, 이 사람이구나." 하는 느낌이다.

 우리는 과연 느낌만으로 결혼하는 현실적인 인연이 될 수 있을까. 거기에는 관심, 배려, 공감, 노력이라는 것이 필요하다. 느낌이 좋아도 그것을 받쳐줄 수 있는 현실적인 타협이 필요하다. 아무리 인상이 좋고 느낌이 좋아도 처음과 생각이 어긋날 때가 있다. 겉으로 보이는 느낌과는 달리 이기적이거나 자만심이 강해 좀처럼 남을 인정하지 않는다거나 상대방에서 뭔가를 얻어낼 가치가 있을 때만 정성을 쏟는, 혹은 양파 같이 속을 알 수 없는 경우이다. 느낌이 말과 행동을 이어주지 못하면 결국 신뢰감이 떨어진다.

필이 통하는 사람을 만나기도 어려운데 코드까지 맞다면 그것은 인생에서 축복이다. 필이 감성적이라면 코드는 이성적이다. 필은 몇 만 볼트의 전류로 심장을 흔들어 상대에게 깊이 빠져들게 한다. 코드는 자신의 취향이나 생각이 비슷하여 공감대가 형성되어 신뢰감을 주게 된다.

내가 아는 지인은 여행을 좋아한다. 지구 한 바퀴를 여행한 그녀는 사십의 중반을 훌쩍 넘기면서 까지 결혼을 하지 않았다. 직장을 다니다 사표를 던지고 몇 달씩 여행을 떠났다. 돈이 떨어지면 다시 아르바이트를 시작하였다. 그러다보니 혼기도 놓치게 되었다.

그러던 그녀가 지리산에서 필이 통하는 남자를 만났다. 산행 중, 녹차 꽃향기에 이끌려 차밭을 서성이는데 선한 눈매를 한 남자가 차 한 잔하고 가라고 권하기에 남자가 사는 집에 들렀다고 하였다. 자신이 좋아하는 여행 이야기를 한참동안 둘이서 신나게 하였단다. 대화를 하다 보니 그 남자의 방랑벽이 그녀에 못지않은 중독수준인 사람이었다.

그녀가 마음이 변했다. 뭘 먹고 살지? 여행은 무슨 돈으로? 그런 생각이 들지 않았다고 한다. 돈은 작게 쓰면 되고 여행은 여태껏 한 것으로도 충분하니 당분간 휴식을 취하겠다며 지리산에 눌러 앉았다. 지금은 녹차를 만들면서 글을 쓴다. 그녀 자신도 인생의 동반자를 산중에서 만날 줄 누가 알았으랴. 그들은 서로가 한눈에 알아본 듯 속전속결로 인생의 반려자가 되었다. 비현실적인 삶을 꾸린 그녀에게 주변 사람들은 모두가 아연실색하였다. 그러나 한편으로 생각하면 결혼안하고 죽는 것보다 해보고 죽는 것이 낫다는 말로 그녀의 결혼을 응원하였다.

그녀의 집에 초대받았다. 그녀의 녹차 밭에는 눈이 내려앉은 듯 하얀 녹차 꽃이 피어있었다. 녹차꽃향기가 밭에도, 집안에도 그윽하게 풍겼다. 알콩달콩 정겹게 살고 있는 모습이 잘 어울렸다.

무엇이 통했는지 결혼에 관심 없다던 그녀가 지구를 한 바퀴 돌고서도 만나지 못했던 배필을 산중에서 만났으니 예사 인연은 아닌 듯하다. 그녀의 '필'이 운명으로 보였다.

숲 사람들

'숲 사람들'은 인류학자 콜린 M. 턴불이 깊은 숲속 피그미들의 세계로 들어가 함께 생활하면서 엮은 책이다. '오지'나 혹은 '원시부족'이라는 단어가 닿지 못할 꿈의 세계라는 생각을 해왔다. 문명을 받아들이지 않고 배척하고 숨어사는 원시족을 들여다보니 신기하였다. 피그미드들이 도저히 살아갈 수 없는, 탈출할 수조차 없는 막다른 곳이었다. 그들은 자연이 주는 대로 섭생하고 자연과 더불어 자연화 하는 삶의 리듬을 나름대로 지켜가고 있었다.

피그미들은 전통적인 생활방식을 유지하고 있는 중앙아프리카의 원시부족들이다. 현대문명과 등지고 살고 있는 이들을 과연 미개해서라고만 말할 수 있을까. 그들은 문명과 담을 쌓고 그들만의 전통과 풍습대로 살아왔다. 그 속에서 작은 다툼은 있어도 해결되지 못할 증오는 없었다.

감사의 축제와, 슬픔어린 애도는 있을지언정 거창하고 불필요한 절차나 규범은 존재하지 않는 곳이다. 마을 흑인들과 잘 지내야 농작물을 얻을 수 있다는 사실을 알기에 종종 마을로 내려오기는 해도 숲이 그리워지면 모든 걸 훌훌 털고 떠나버리는 피그미들, 마을 흑인들은 자신들이 피그미의 '마스터'임을 자처하지만 이 관계에서 주도권을 쥐고 있는 쪽은 분명 피그미였다.

그들이 선조가 해 온대로의 생활을 이어받아 삶을 영위해나가고 그 속에서 행복과 평화를 구가해나가는 자연인의 모습이 어떻게 보면 각박한 문명에 찌들린 우리들에게는 유토피아, 그 자체인지도 모르겠다.

숲이 주는 풍요로움과 다양함에서 이기적인 욕심을 버리고 사는 것이 그들 나름의 철학이다. 숲이 베푸는 애정의 품에서 다 같이 살아가는 것을 추구하는 그들이다. 자연이 무엇인가. 숲은 그들 원시인에게 어떤 의미인가. 오지는 그 누구도 다가설 수 없는 곳인가. 그들의 땅에서 태어나 그들의 숲에서 생을 다하는 그들의 삶은 지금은 마을에 속한다 하더라도 죽은 자가 묻힐 땅은 숲이기 때문이다.

그들은 숲을 존중하고, 믿음과 신뢰로 찬양하며 목숨을 묻는다. 한날한시도 숲을 떠나서는 살수 없는 것이 피그미 사람들이다. 그들은 숲을 배신하지 않고 두려워 한다. 그것은 마을에서의 생활이 공허하고 무의미하게 여겨질 만큼 숲 생활은 충만하고 만족스러워 한다. 그들의 신체와 영혼이 숲으로 인해 살아나고 숲에서 얻은 상처는 숲으로 치유된다고 믿는다. 그래서 피그미 사람들은 결국에는 숲으로 돌아오게 된다고 생각한다.

피그미들은 자신들의 멋진 세상, 원하는 것은 무엇이든 얻을 수 있는 세상을 찬양한다. 살만한 곳 이상으로 만들어주는, 고난과 비극, 무한한 기쁨과 아무 걱정 없는 행복으로 이루어진 그곳의 삶 자체를 찾아낸 이들이었다.

그들이 사는 숲은 눈길 닿는 곳마다 조용하고 평화롭다. 어두운 숲은 이방인에게는 멀찍이 물러나 있으라고 경고하고 위협하였다. 그러나 숲을 잘 아는 사람은 기꺼이 환영해주었다. 그들은 고요하고 캄캄한 숲의 한부분인 듯하다. 숲에 속하지 않은 존재에게는 스스로를 드러내지 않으려고 한다. 피그미를 속박하는 규칙은 거의 없다.

그들에게 노래와 춤은 생활 그 자체 이상을 의미한다. 숲이 즐겁게 깨어나기를 바라기 때문에 노래를 부르고 행복을 나눈다. 숲은 그들에게 즐거움과 기쁨, 그 이상의 어떤 표현이며 언어와 같은 것이다. 노래는 동시에 또 다른 존재를 기원한다.

자연스런 축제를 즐기며 그 축제에 부여하는 중요성이나 기대감도 그만큼 크다. 특히 한밤중의 합창은 인간과 숲의 친밀한 대화이다. 숲과 더불어 살아가는 피그미족에게 노래는 신에 대한 절대적인 믿음과 신뢰이다. 그래서 숲에 속한 자신들을 향해 노래를 부르는 것이다. 밤을 지새며 축제를 하는 그들은 아름답고 선한 존재로서의 숲에 대한 경배이기도 하다.

피그미 무리에게 사냥은 협동 작업이다. 신성한 사냥 모닥불은 사냥감을 안겨줄 숲의 축복을 불러오는 것, 그리하여 무리 전체에 행운을 안겨주는 것으로 여겨진다. 피그미는 의식을 중시하지 않는다. 중요한 것은 솔직하게 감정을 드러내고 축제의 의미를 받아들이는 데 있다.

에리마 축제동안에도 어머니가 될 수 있는 축복을 받은 소녀들에게 노래로 축하한다. 축제가 이어지는 한두 달 동안 소녀들은 새로운 상황에 적응할 시간을 갖는다. 하지만 특별한 의식 따위는 없다. 소녀들이 밤이면 집 밖으로 나와 노래 부르는 것이 여자라는 새로운 지위를 공식적으로 인정받는 방법이었다.

그들은 개인이 가지는 권위를 멀리한다. 공동체의 평화를 추구하기 때문이다. 그들은 스스로 피그미의 일원이 된다는 것을 만족해한다. 그들에게 숲은 행동이나 생각을 판단해주는 기준인 것이다. 결국 숲이 추장이자, 법관이자, 지도자이자, 최후의 중재자인 셈이다.

그들이 사는 숲에서의 삶은 쉽고 자유로우며 내키는 대로 하는 것처럼 보인다. 그러나 그 모든 것 아래에는 질서와 논리가 깔려있다. 숲이라는 손이 단호하게 모든 것을 통제하는 것이다. 개인의 책임과 권한이 분산되어 있는 피그미의 특징은 질서와 법 유지를 비롯한 다른 영역에서와 마찬가지로 육아에서도 잘 드러난다. 관계의 원근정도에 따라 다양한 호칭이 존재하고 그 호칭이 행동방식을 엄격히 규정하는 아프리카 흑인 사회에 비해 피그미 캠프는 훨씬 덜 공식적인 무리이다.

그보다는 책임감을 공동의 것으로 인식한다. 처음에는 논쟁이나 몸싸움으로 하지만 곧 서로 화해하고 사이좋게 지낸다. 밤부터 피그미는 천성이 선하고 유머감각이 뛰어나다. 그들은 숲 전체가 고향이라는 사실을 잘 알고 있다.

그들은 빈터를 넓게 확보해 마을을 이루었고 집에는 창문을 만들지 않았다. 피그미들은 숲을 떠나서는 단 일 분도 살아갈 수 없다는 절절한 마음을 가지는 것은 그들의 영혼이 숲이기 때문일 것이다. 그들의 짧은 인생이 침묵하더라도 그 메아리는 이어질 것이고 멀고 먼 다른 세상에서, 숲속 사람들에게는 현실과 다름없이 받아들여지는 그 꿈의 세상에서 그 소리는 안식을 취하게 될 것이다.

우리는 그들을 미개하다고만 생각해왔다. 인간은 자연 앞에는 속수무책이지 않는가. 자연 속에서 살아가는 원시부족의 삶이 이해되었다. 책을 덮으면서 어쩌면 피그미, 그들이 마지막까지 지구를 지키는 파수꾼이지 않을까?

잘 놀기

 남편이 은퇴한 뒤로 나의 시간은 고무줄처럼 줄었다 늘어났다 한다. 요일의 경계가 모호하고 평일과 주말이 불분명하다. 갑자기 달라진 남편의 사이클에 나의 생활리듬도 우왕좌왕이다.

 남편은 평소처럼 자세를 흩트리지 않으려고 애쓰는 것 같았다. 그 모습이 안쓰러워 열심히 일했으니 마음 놓고 놀아도 된다고 위로했다. 은퇴는 쓸모가 다됐으니 그만하라는 것이 아니라 너무 많은 일을 했으니 좀 쉬라는 뜻이라고 말했다.

노는 일은 마음 편하게 놀아야 한다. 이왕 노는 일, 잘 놀아야 하고, 개념 있게 놀아야 한다고 생각한다. 쫓기고 동동거리며 일터로 나가는 사람은 시간이 돈이다. 그러나 시간이 돈이 되지 않는 사람은 오히려 절제해야 할 일이 많다. 놀기 때문에 가야 할 때도 많고 만나야 할 사람도 많기 때문이다.

스페인에서는 호모루덴스Homo ludens교육, 즉 '놀 줄 아는 인간'을 만드는 교육을 도입하였다. 그야말로 잘 놀게 하는 교육이다. 아이들은 담벼락에 벽화를 그리기도 하고, 어버이날이 되면 카네이션을 직접 만들고, 부모를 위한 크리스마스 선물도 만든다. 유도와 핸드볼, 하키도 수업시간에 들어있으며 박물관 기행, 독서, 견학, 만들기등의 프로그램이 있다. 방학이 되면 지중해 해변으로 바스크의 산악지역으로 갈리시아로 가족이 함께 여행을 떠난다.

우리나라도 방과 후 교육으로 여러 가지 재능이나 인성

을 키우는 프로그램이 많이 생겨 무척 다행이다. '문화는 원초부터 유희되는 것'이라고 했다. 노는 일에도 개념이 있어야 한다는 생각이다. 잘 논다는 것은 다양한 것을 체험하는 일이다. 창의적인 사람이 되려면 어떻게 놀 것인가를 생각해야 한다. 대부분의 일하는 사람은 노는 사람에게 관대하지 못하다. 일을 신성시하기 때문이다. 어떤 일을 하건 그것이 그리 중요하지 않다. 일에 몰입하여 시간과 몸과 정열을 다 쏟아 붓는다는데 그 의미를 부여하기 때문이다.

 나는 어떤 일을 가지고 싶다는 생각이 들 때도 있었지만 막상 어떤 일에 매인다는 것이 끔찍하게 생각되었다. 어떤 일에 적응하지 못할 것이라는 두려움도 있었다. 그런 내 마음을 모르고 지금까지 직장생활을 하는 친구는 무슨 팔자가 좋아서 평생을 노느냐고 말했다. 그러나 나도 할 말은 있다. 눈에 보이는 것만 어디 수입인가. 보이지 않게 새어나가는 것들이 더 많은 것이 일상이다.

 남편은 삼십 오년간의 직장생활을 떠나 이젠 다른 놀

거리가 필요하다. 처음에는 적응하기 힘들겠지만 나름대로의 규칙은 있어야 한다. 놀아본 내가 잘 도와주어야 할 것 같아서 운동을 권유하였다. 먼저 강변 걷기와 배드민턴을 시작했다. 운동이 끝나면 회원들과 점심을 먹으러 가기도 한다. 지금은 좀 어색해 하지만 시간이 지나면 잘 될 것이다. 음식점에는 대부분이 여자 손님들로 가득하다, 그녀들의 화사한 웃음소리, 말로만 듣던 여자천국임이 조금은 부담스러울 수도 있을 것이다. 여자들은 참 우아하게 산다는 생각도 들 것이다. 놀고먹는 사람이 자기 아내만이 아니라는 것이 자연스레 증명이 되었다. 그러나 그 논다는 일이 쉽지 않다는 것을 곧 경험하게 될 것이다.

생활리듬이 갑자기 바뀌었으니 남편이 안절부절 하는 건 이해가 된다. 사진 찍기에 취미를 들인 그는 하루에도 몇 번씩 카메라를 들고나간다. 나는 가끔 남편의 표정을 살핀다. 퇴직하고 얼마 안 있어 직장 선배가 갑자기 죽었다는 이야기를 들었기 때문이다. 인생의 그래프를 열심히 그려온 시간을 이제는 여유를 가지고 살아야 할 시간이다. 지치지 않고 놀려면 다양한 프로그램을 가지고 있어야한다고, 틈만 나면 이야기 해준다.

'꽃보다 할배'라는 TV프로그램은 재미있게 노는 방법을 알려주었다. 단순히 재미있는 일이라고만 여긴다면 그 프로는 성공하지 못했을 것이다. 건전한 놀기 속에서 웃음과 지혜, 순발력, 책임감… 등 여러 가지를 그려낸다. 노는 것을 보면 문화가 보인다. 놀기에는 급수가 있다. 무위도식과는 차원이 다르다. 자기절제와 나름대로의 신념이 있어야 한다. 봉사점수만 있는 사회가 아니라 놀기 점수도 있어야한다. 개념있는 놀기……. 그렇다면 노는 일이 어찌 단순한 일이라고 말할 수 있겠는가.

앞으로는 잘 놀아야 한다. 잘 노는 일은 잘사는 일이기도 하다.

파도타기

 얼마 전 독도를 여행했을 때, 파도가 섬을 가로막아 배가 접근할 수 없었다. 파도는 이방인이 접근하는 것을 막으려는 심사였을지도 모르겠다. 섬보다 더 큰 파도가 서슬 퍼렇게 설치는 바람에 위풍당당하던 여객선이 눈치만 보다 슬금슬금 도망쳐 나왔다.
 독도에는 소나무와 동백나무가 바위를 의지하고 있었다. 나무는 해풍이 부는 쪽으로 시선을 두어 마치 누군가를 목마르게 기다리는 듯 했다. 나무는 키가 작아 멀리서 보면 마치 큰 수반에 옮겨 놓은 분재와 같았다. 바람에 쓸리어 더 이상 자라지는 못하였지만 바다를 굽어보며 삶에 순응하는 모습이었다.

바다를 보면 가슴이 시원해진다고 말들 한다. 하지만 나는 바다를 보면 현기증이 날 때가 있다. 바다가 너무 넓고 깊어서 막막해지기 때문이다.

포말을 일으키며 저만큼에서 달려오는 파도는 가슴이 서늘하도록 깊은 벼랑이다. 보일 듯 말 듯, 물러서는듯 하면서 다가서는 파도는 느닷없이 맞닥뜨리는 절벽과도 같다. 높이 뛰어 오르는 파도, 모든 것을 삼켜버리는 파도는 사람의 힘으로는 어떻게 해 볼 수가 없었다. 더 이상 뛰어 내릴 수도 뛰어 오를 수도 없었다.

어릴 때 해변에서 파도타기를 해본 적이 있다. 키보다 더 큰 파도 속에 갇혀 두렵기는 했지만 파도를 따라 같이 뛰어 오르는 스릴이 있었다. 마치 물고기나 된 듯 파도의 등을 타고 미끄러지는 시늉을 해보았다. 파도의 몸속에 들어가면 파도는 눈치를 채지 못하고 저만큼 물러나고는 하였다.

 바다는 리듬이 있는 듯하다. 한번 밀려오면 한번 밀려가고, 쑥 올라가면 쑥 내려온다. 사람에게도 바이오리듬이니 생체 리듬이니 하는 것이 있다고 한다. 몸과 마음이 파도처럼 자연스럽게 리듬을 타면 즐거워지고 건강해지듯 살아가는 일도 파도타기다. 동적인 것이나 정적인 것은 모두가 리듬을 타는 일이라 하겠다. 그런데 나는 그런 리듬을 무시하고 매사를 무조건 치오르는 일만 생각했으니 욕심이 과했던 것 같다.

 어릴 때는 부모가 이끄는 배를 타고 풍랑을 만나 성난 해일에 맞닥뜨리기도 하였다. 파도가 물거품을 물고 하얗게 달려들 때는 독을 품고 오기를 부리기도 했다. 그래 한번 해볼 테면 해보라고 두 손을 불끈 쥐기도 했다. 파도가 한바탕 몰아붙이고 부서뜨리고 나면 바다는 언제 그런 일이 있었느냐는 듯 딴전을 피운다.

 어린 시절, 아버지가 사업에 실패 하셨을 때, 우리 집에는 자주 파랑주의보가 내렸다. 그 때, 가족들은 심한 파도타기로 몸살을 앓았다. 파도는 쉴새없이 바다를 출렁이게 했고 그럴 적마다 나는 멀미가 났고 몸과 마음도 따라 출렁거렸다. 파도가 한없이 치닫다가 다시 내려오는 험한 산의 능선처럼 느껴졌다.

어느 날, 파랑주의보가 해제되면 거칠던 파도가 순해졌다. 그럴 때 나는 끝없이 펼쳐진 사막을 생각했다. 올록볼록한 낙타 등에 앉은 아늑하고 따뜻한 꿈을 꾸기도 하였다.

기복이 심한 풍랑에 가뭇없이 쓸려 가는 똑딱선의 운명 같은 고비는 지나왔다고 생각되지만 그 누가 인생길을 예측할 수 있을 것인가. 어쩌면 죽을 때까지 파도의 굴곡을 타다 마는 것이 우리네 인생이 아닌가 싶다.

팝콘이 터진다

팝콘이 '톡톡톡' 냄비 속에서 튀고 있다. 갈팡질팡, 요리저리 피하여 보아도 냄비 안이다. 옥수수 알갱이가 탭댄스 구둣발 소리 같이 경쾌하게 들린다. 작은 옥수수가 부풀어 벌어진다.

냄비 안이 꽉 차면서 뚜껑 바깥으로 나오고 싶어 머리를 들이받는 것 같다. 팝콘이 요동을 치는 것이 흡사 개구장이들이 좁은 담벼락 밑의 뚫린 개구멍으로 도망치는 몸부림 같다고나 할까. 급한 나머지 미처 한 놈이 빠져 나가지도 않았는데 계속 밀어부쳐 옷이 찢어지고 납작코가 되는 광경이다.

팝콘은 찻길에 들어간 공을 줍기 위해 무작정 뛰어드는 아이들 같다. 기름을 뒤집어쓰고 뜨거운 냄비에 앉은 팝콘이 안쓰럽지만 금방 하이얀 솜방울 같은 것이 그릇 가득히 나올 때는 기특한 마음이 생긴다.

팝콘은 생맥주집에서 음식이 나오기 전에 공짜여서 좋다. 팝콘을 보면 큰 아이가 생각난다. 남하고 똑같은 옷, 같은 가방, 같은 신발, 같은 머리 모양. 그런 것들을 싫어했다. 유행에 없는 것을 찾았다. 냄비 속에서 튀는 팝콘처럼 아이의 사춘기는 어쩔줄 모르고 좌충우돌하며 그 시기를 넘겼다. 팝콘이 불에 닿으면 터져버리는 것은 호기심과 투정일수도 있고 어른들의 이기심에 대한 반발일수도 있었다.

완전한 팝콘이 되기 전에는 마음을 놓을 수가 없었다. 눈 깜박할 사이에 튀는 것이 팝콘이라 냄비에서 눈을 뗄 수가 없었다. 얌전히 소쿠리에 담겨 철없이 뛰어 다니는 아이들의 몸짓이나 생각이 팝콘의 튕기는 느낌과 비슷하다.

나의 유년에는 팝콘과 비슷한 것이 강냉이 튀박이었다. 이빨 빠진 옥수수를 모아 처마 밑에 매달아 두었다가 명절이면 나타나는 뻥튀기 아저씨를 기다렸다. 강냉이도 튀기고 들깨나 땅콩을 넣은 강정을 만들었다. 동네 어귀에서 "펑"하고 터지는 폭발음이 나기 시작하면 그동안 준비해 두었던 것들을 들고 나갔다. 줄은 길게 꼬리를 달았다.

펑 튀는 소리로부터 명절이 얼마 남지 않았다는 것을 알려 주었다. 분위기가 다소 부산한 것 같기도 하고 사람들의 움직임도 무언가 바빠진 듯한 느낌이었다. 동네가 쩡쩡 울리는 "펑"하는 소리는 명절이 다가왔다는 신호탄이었다. 그날부터 설레임으로 깊은 잠을 잘 수가 없었다. 추석 치레로 빨간 운동화라도 사줄려나 하는 마음에 엄마에게 잘 보이려고 심부름도 곧잘 하고는 했다.

어둑어둑해질 때까지도 튀박 행렬은 끊이지 않았다.

엄마 대신에 늦도록 줄을 서야했다. 지난해보다 훨씬 늙어진 튀박 아저씨는 어디에서 살다가 명절이면 잊지 않고 나타나는지, 풍로나 길다랗고 큰 튀박 자루하며 멍석과 재료를 담기위한 깡통들, 땔감들은 어떻게 가지고 왔는지 궁금하였다. 튀박이 터지는 소리는 대포 소리만큼이나 커 귀를 막지만 탄성을 지르며 즐거웠다. 튀박은 엿물을 녹여 평평하게 만들어 잘라내어 강정이 되었다.

 명절은 그렇게 시작되었고 엄마의 손은 더 바빠져 갔다. 이불하며 옷가지들도 미리 빨아야 하고 다락 속에 있던 누런 놋그릇이 그제야 밝은 빛을 보게 되었다. 짚으로 연탄재를 묻혀 한나절 내 닦아야 그릇이 반짝거리며 광택이 났다. 강냉이를 튀겨주던 엄마를 그리워하듯이 우리 아이도 팝콘을 튀겨 주던 엄마를 그리워하지 않을까 하는 생각을 해본다.

 팝콘이 하얗게 부풀어 오르다 흩어져 내리는 모습은 봄날 흐드러지게 핀 벚꽃이 바람에 떨어지는 하이얀 벚꽃과 같다. 그 어느 때보다 인생의 아름다운 시절이 아이들을 키울 때 인 것 같다. 나를 미소 짓게 하는 아이들은 자라 내 곁을 떠났지만 소소한 기억들이 팝콘처럼 마음속에 환하게 터뜨려졌다.

혼자라는 것

 비 오는 날, 기차를 탔다. 기차표를 끊으면서 잠시 망설였다. 어디까지 갈 것인가. 아니 어디로 갈 것인가. 작은 갈등을 느끼며 목적지는 중요하지 않다는 생각을 하며 가는 시간과 돌아오는 시간을 합하여 일곱 시간쯤 걸리는 지점을 택했다. 어둡기 전에만 돌아오면 될 것 같았다.

 핸드폰도 끄고, 동반자도, 목표도 없이 어디론가 간다는 것에 쾌감을 느꼈다. 아니 동반자가 없는 것은 아니다. 비로 연유한 일이니 비와 한 통속이 된 것이다. 철로 변을 끼고 있는 자투리 밭에도 풋풋한 생기가 넘쳤다. 넓은 묵정밭이 물기를 툭툭 흘리며 농염하게 몸을 드러내었다.

 비는 이쪽에서 저쪽을 구별하지 않고 공평하게 배분되었다. 빗물은 노폐물과 오수로 얼룩진 강물을 흔들어주었다. 창밖에 펼쳐진 산자락에서 몸을 씻은 빗물이 옆구리를 비집고 실 고랑을 흘러내렸다. 그동안 관심 두지 않았던 곳에서 자연의 순환은 계속되고 있었다. 여태껏 살아오면서 흘려버린 작은 것들이 무수히 많았다는 생각이 들었다. 작은 빗방울, 산자락의 외딴집, 홀로 반짝이는 별…

 눈앞을 스쳐간 풍경들이 예사로이 보이지 않았다. 도심을 지나는 철로 변은 시꺼멓게 썩어 가는 담벼락이나 동강난 스레이트 집의 벽이거나, 퀴퀴한 하수구이거나, 쓰레기더미가 몸을 돌린 채 엉덩이만 내놓고 있는 모습이었다. 소리 없는 미미한 것들이 혼자가 되었을 때 더 잘 들리고 보이는 것 같다.

 멋진 건물이나 작은 집들은 한결같이 앞만 보고 있었다. 뒷면은 무언가 음침한 것이 웅크리고 있는 내 마음과도 같이 음습하게 비춰졌다. 어쩌면 그것은 내 삶의 어두운 부분이며 상처이기도 하다. 버려진 한쪽이나 순간적으로 지나치는 차창 밖의 경치는 책임감 없이 사라져 간 나의 모습 같기도 하다.

 기차가 다리 위를 달리거나 높은 둔덕 위를 달릴 때 바깥 풍경이 더 아름다웠다. 강 언저리에 하얀 물새 한 마리가 백목련 한 송이처럼 물위에 떠 있었다. 작은 풀씨 하나가 바람에 날리어 뿌리를 내리는 것과 같이 인생도 어느 점에서 시작하여 홀씨로 날아다니다 어느 대지와 눈 맞아 싹을 틔우고 벌 나비를 만나 꽃을 피워 열매를 맺는다. 그리고 그 열매는 다시 풀씨가 되어 또 새로운 삶을 이어간다.

 주말 부부로 지낸 적이 있다. 얼마간은 밥상을 차리지 않아도 되고 주부라는 일상을 접고 잊어버려도 되어 편하기 이를 데가 없었다. 문을 밀고 들어서는 인기척에 가슴이 두근거리던 것이 엊그제 같건만 때로는 남편이 성가신 존재이기도 했다.

그러나 그것은 잠시일 뿐이고 아무도 없는 저녁에 밥상도 없는 밥 한 그릇 반찬 한두 가지 들고 앉으면 사는 것이 무언가 하는 을씨년스런 마음이 들곤 했다. 소란스럽던 저녁 드라마도 재미가 없었다. 다리 하나 걸치고 귀후비는 일도, 머리만 대면 자는 잠도 깊이 오지 않았다. 누군가를 위해 밥상을 차리며 아웅다웅 살아가는 것이 재미라는 것을 떨어져 있으면서 알게 되었다.

가족은 같이 살면서 마치 풍경화의 나무나 산처럼 자연스럽게 있어야 할 그림이었다. 때로는 속상해도, 때로는 내 발목을 붙잡아도, 붙잡아 주는 사람이 있을 때가 좋은 것이라는 것을 알아야 했다. 어울려 산다는 것이 얼마나 행복한 일인가를 알게 되었다.

혼자라는 것에 두려움을 느낀다. 자신에게서 떨어져 나가는 것은 몸에 붙은 비늘 하나조차도 서러운 마음이다. 혼자라는 것은 제자리로 돌아갈 수 있을 때 좋은 것인 성싶다. 그러나 인생의 종국에는 어쩔 수 없이 혼자가 된다. 혼자된다는 만고불변의 진리 때문에 종교가 필요한 것 아닐까. 혼자라는 사실 앞에 긴장하게 되고 겸허해지게 된다. 불가항력의 허무와 마주하는 것이다.

가슴에 바람 한줄기 담고 집으로 돌아왔다. 후미진 삶의 귀퉁이와 황토가 맨살로 드러난 산허리를 만났다. 혼자이고 싶다는 생각을 하면서도 혼자이지 않음에 감사했다. 혼자가 되어 번잡한 세상을 잠시 머리에서 지우고 사물의 뒤편에서 나를 바라보았다.

찻물을 끓이며

아침에 차를 마시기 위해 물을 끓인다. 짜릿한 전율이 흐르는 하루 중 가장 행복한 시간이다. 이은미의 노래 '기억 속으로'가 찻물에 스며든다. 그녀의 온몸으로 쏟아대는 열창이 감미롭다. 차를 마시는 동안 음악을 들으면 차 향기가 더 난다.

차는 물 끓이는 데서부터 시작된다. 무쇠 난로 같은 곳에 하루 종일 설설 끓는 물을 올려놓고 싶다. 하얀 김이 나는 주전자를 올려놓으면 마음마저 따뜻해질 것이다.

물에도 뼈가 있어 사골처럼 고아야 깊은 맛을 내지 않겠는가. 또 무쇠 솥에 눌은 누룽지를 긁어먹는 재미가 한 맛 더 하듯이. 주전자에서 종일 뿜어대는 김을 쐬며 수시로 차를 마시면 얼마나 행복할 것인가.

 물을 얹고 내리는 중간 과정이 차 마시는 일만큼 중요하다. 물을 끓이면 조금 모자랄 때도 있고 어떨 땐 물이 남기도 한다. 그런데 무선 주전자는 저 끓는 시간만큼만 끓고 만다. 더도 덜도 없어 정확하여 나를 답답하게 한다. 끓기의 과정이 없는 무선 주전자는 내 행복감이 반으로 줄어드는 것 같다.

 녹차나 커피를 놓고도 마시지 않을 때도 허다하다. 차를 마시는 일보다 물을 끓이고 차를 만드는 시간을 더 즐긴다. 물이 끓을 때 냇물이 졸졸 흐르는 소리처럼 들린다. 냇가에서 치마를 걷어 올리고 맨발로 찰방거리는 소녀를 떠올린다. '쏴아' 하고 한참 물이 끓어오를 땐, 갑자기 쏟아져 내리는 소나기를 연상한다. 천둥 번개가 치고 굵은 빗줄기가 사정없이 후려치면 누런 황토

물이 되어 마을로 밀려온다. 어떤 때는 폭포에서 떨어지는 물방울의 청량한 기류 같은 것도 떠올리게 된다.

손님이라도 오는 날에는 예쁜 주전자가 방긋방긋 웃으며 분위기를 살려 준다. 새색시 꽃가마 타고 시집오듯 예쁜 포장에 금박 리본까지 매고 온 하얀 주전자, 도예가의 낙관이 찍힌 주전자, 비싼 로얄티를 지불한 여러 모양의 법랑 주전자, 태우지 말라고 소리를 내는 삐삐 주전자, 삼각 주전자 등이 있었다.

우리 집에만 오면 얼마 못 가 주전자는 속을 까맣게 태워 손잡이나 꼭지까지 녹아 지지리 궁상으로 변해 버린다. 사람도 물건과 마찬가지로 그 사람의 진가를 알아주는 이가 있을 때 한결 더 빛을 발할 수 있듯이 물건도 주인이 어떻게 쓰느냐에 따라 그 위상이 달라진다.

새 주전자가 생기면 이번에는 신경 써서 잘해야지 다짐하지만 고질적인 건망증은 고쳐지지 않았다.

무언가에 몰두할 때는 연신 차를 마신다. 쭈그러지고 볼품없는 주전자를 보면 잊었던 추억이 살아난다. 어린 시절 밥솥의 밑바닥도 까맣고 냄비도 거의 우그러졌다. 낡고 때 묻은 물건은 편안하게 느껴진다.

그래서 손때 묻은 고가구나 유약을 묻히지 않은 항아리를 보면 욕심이 나는 걸까. 오래된 물건들은 세월 속에서 담담히 자신의 빛을 안으로 삭힌다. 매끄럽고 밝은 광채를 세월에 내어주고 한자리에서 묵묵히 그 역할을 한다.

나는 찻물을 끓이면서 무언가를 생각한다. 그럴 때, 마음의 여백을 얻어 내가 해야 할 일을 시작하기도 하고 정리하기도 한다.

늪

 집에서 그리 멀지 않은 곳에 늪이 있다. 사람들이 사는 곳과 지척이지만 딴 세상이다. 갈대와 수초가 뒤엉킨 웅덩이에 작은 물새들이 제 몸만큼의 거리를 날아다닌다. 나무와 풀들을 건드리는 벌레들, 푸덕이는 새의 날개 짓과 나뭇잎 떨어지는 소리, 간간이 부는 바람에 마른 잎사귀 부딪히는 소리가 정적을 깬다. 알 듯 말 듯 한 표정으로 매일 모습이 다르다. 반쯤 몸을 드러낸 늪은 할 말이 있는 듯 움찔거리며 고개를 내밀어 세상에 관심을 보인다.

 황소개구리가 가끔씩 펄쩍! 눈앞을 스친다. 개구리구나! 퍼뜩 생각하기도 전에 왜가리가 어느 사이에 날아왔는지 황소개구리를 덥석 문다. 황소개구리가 온몸을 버둥대며 벗어나려고 사투를 벌이지만 왜가리는 개구리를 물고 놓지 않는다. 반쯤 왜가리의 주둥이 속에 들어 가버린 개구리의 몸체는 점점 작아져갔다. 버둥대던 개구리는 조금 남은 뒷다리를 가늘게 떨다가 마침내 멈춘다.

 늪은 내가 모르는 해법 같은 것을 제시해 준다. 살다보면 그럴 때도 있는 것이 인생이라는 막연한 생각을 하면서 슬픔도 오래 지속되면 감상이라는 말을 하게 된다. 자연은 우리에게 많은 생명을 확인시켜주기도 하지만 그래도 풀리지 않는 현실을 떠올릴 때마다 안개에 가린 늪이 저만큼에서 머리를 풀어헤친 듯하다. 내가 경험한 늪의 형체가 내 가슴에 선명하게 각인되었기 때문일까.

 어느 날, 저녁녘에 마트를 들렸다. 몇 가지 물건을 사서 집으로 가는 길에서 모퉁이를 돌아서려고 할 때 저만치

서 속력을 내고 오던 오토바이가 갑자기 나를 덮쳤다. 나는 그 길로 정신을 잃고 병원에 실려 갔다. 얼마나 지났을까. 그 뒤로 깨어나지 않은 그 시간, 나는 이름 모를 늪에서 보이지 않는 힘에 의하여 어디론가 끌려가고 있었다. 세찬 바람으로 인하여 몸을 가눌 수가 없었다. 늪의 너머에 강이 보였다. 그 강으로 나를 끌고 가려는 것 같았다. 안개가 주변을 음산하게 둘러싸고 있었다. 누군가 나를 잡아당겼고 뒤에서도 밀고 있었다.

 나는 끌려가지 않으려고 발버둥을 쳤고 그럴 때마다 아이들을 떠올렸다. 아이들을 포기할 수가 없었다. 눈을 떠야 하는데 눈을 어떻게 뜨는지 알 수 없었다. 눈을 뜨기 위해 안간힘을 다했다. 몇 시간인지, 며칠이 흘렀는지 사투를 벌이다 가까스로 눈을 뜨는 순간, 늪은 형체도 없이 사라져버렸다. 온몸은 땀으로 범벅이 되었고, 손과 발은 얼마나 뻗대었는지 힘줄이 불거졌다. 어쩌면 이승과 저승을 구분하는 경계선이 아니었는가 싶었다. 그때 경험한 늪이 꿈인지 현실인지 지금도 알 수 없다. 하필이면 꿈속의 그 장소가 왜 늪이었는지, 사람이 죽으면 영혼이 그곳을 지나가는 것인지, 아무래도 그때 나는 죽음의 길에서 도망쳐 나온 것은 아닐까 하는 생각이 지금도 문득 떠오를 때가 있다.

병원에서는 머리를 다치지는 않았지만 신경이 충격을 받아서라고 했다. 얼굴과 몸에 타박상을 크게 입었고 앞니도 부러졌다. 치료를 받으면서 이 세상이 얼마나 고마운가 하는 생각이 들었다. 다시 세상에 태어난 것 같았다.

사람들은 자신이 진흙에 빠진 줄도 모르고 허우적대다가 일생을 마친다. 슬픔이 크면 눈물도 나지 않는 것처럼 질척거리는 수풀을 제 몸에 가득 채우고 나면 주위도 고요해진다. 어둠이 짙을수록 자연 속의 밤은 화려하다. 무희들이 밤이면 베일을 걷고 요염한 미소를 띄운다. 금빛 악세사리와 구슬이 찰랑이듯 반딧불이와 하루살이, 모기, 이름 모를 생물이 발광發光하며 한바탕 질펀한 향연을 벌인다. 엎드려 있던 곤충들도 슬금슬금 기어 나와 존재를 알리려는 듯 무리에 가담한다.

늪은 어머니의 주름진 눈자위처럼 언제나 젖어있다. 우리의 삶은 늘 애환이나 고통의 바람이 일렁인다. 아무 일이 없는 듯 나무들은 잎을 반짝이고 저어새가 가끔 깃털 터는 소리를 낸다. 폭풍의 전야가 음산하게 고요한 것처럼 풍경은 아름답지만 내게는 무서운 꿈과 같은 곳이다.

사람들은 슬픔과 기쁨이 교차하는 세상을 가슴에 안고 살아가는 것이지 싶다. 나의 가슴에 새로운 물길을 만들고 이전과는 다른 종패를 뿌리는 일이다. 이세상과 저세상의 길목처럼 느껴지는 늪은 한꺼번에 몸을 드러내지 않는다. 늪에 있으면 나는 꿈을 꾸는 것처럼 몽롱해진다.

방, 방

 서울로 이사 간 친구는 지금도 늘 부산이 그립다고 한다. 그녀의 부산 사랑은 꼭 바다가 좋아서만은 아닌 듯하다. 서울 태생인 친구는 나와 친했던 그 시절이 추억으로 많이 남았던 것 같다. 아마 그것은 그녀의 인생에서 가장 아름다웠던 신혼시절이라 더 그런지 모른다. 남편이 출장 간 날은 우리 집에서 그녀의 남편과 셋이서 한방에 자기도 했다. 거의 하루 종일 붙어 지내는 날이 많았다.
 그녀가 부산에 오면 그녀를 관광시켜주는 것이 아니라

오히려 내가 따라다니는 쪽이 된다. 부산에 대한 정보를 나보다 더 많이 가지고 있는 그녀는 유람선은 태종대에서, 음식은 자갈치에서, 찜질방은 해운대에서, 노래방은 기장에서라는 식이다. 나는 부산에 살고 있지만 해운대 백사장을 거니는 여유조차 부리지 못하고 산다. 그녀를 만나면 방房자가 붙은 여러 곳을 거치게 된다.

그녀가 부산에 오는 날이면 찜질방에서 지난 시간들을 밤새워 이야기하며 보내기도 한다. 찜질방에서 온가족이 함께 와서 누워 뒹굴며 식사를 하고 잠을 자는 것을 보게 된다. 어른들은 어른들끼리 모여앉아서 휴식을 취하고, 아이들은 아이들끼리, 소금방, 얼음방을 기웃거리며 몰려다닌다. 모르는 사람들과 아무 거리낌 없이 한방에서 밤을 보낸다. 헐렁한 옷에, 다리를 포개어 바싹 붙어 자는 연인도 있다. 그럴 때 가끔 노출이 심해 아찔한 장면도 연출된다. 부부싸움 뒤, 갈 곳이 없어 가출을 감행하지 못한다는 아내들의 이야기도 옛말이다.

넓은 홀이나 강당에서는 규칙을 지켜야하고 줄을 서야

한다. 그러다보니 하고 싶은 말을 할 기회가 줄어들어 충분한 소통이 이루어지지 않는 반면, 방에서는 모르는 사람끼리도 가까워진다. 그러다보니 방은 우리의 마음을 따스하게 끌어당긴다.

노래를 못 부르는 사람들이 없게 한곳이 노래방이다. 스트레스를 풀어주며 서먹한 사람들과 친화적 역할을 하는 곳이 노래방이다. 노래방에 있을 때만큼은 가수가 되고 댄서가 된다. 화려한 무대에서 조명을 받으며 무대 매너를 흉내 내며 흥을 돋운다. 노래방이 아니면 어디에서 그렇게 '방, 방,' 자기 끼를 발산할 수 있겠는가. 노래방은 자기도 모르게 '방, 방' 뛰게 한다.

방은 어떤 곳보다 한국적이다. 방은 원래 혼자만의 공간이지만 밝고 환하기 보다는 어둡고 좁았다. 비좁았지만 대가족이 모여 살던 방이라는 정서는 훈훈하고 정겨웠다. 따끈따끈한 아랫목이 있던 방에서 좋은 일도 어려운 일도 겪었다. 우리의 마음에 잠재되어 있는 방은 "다 같이"를 추구한다.

찜질방, 노래방, 게임방, 소주방 등 지금도 수많은 방에서, 친목이 이루어진다. 서먹하던 사람들이 노래방에 갔다 오면 급속히 친해지듯이 방에서는 우리끼리라는 공감대가 생긴다. 방이라고 발음해보면 뭔가 튕겨 오르는 경쾌함이 느껴진다.

 어릴 때, 급하게 숨을 수 있는 곳이 다락방이거나 골방이었다. 친구와 방에서 놀 때는 우리끼리 공유하는 비밀이라도 있는 것처럼 동질감을 가진다. 천정 낮은 다락방이나 골방이 좋았던 것은 자신만의 공간이 없었기 때문이다. 그래서 공부방을 가진 친구를 보면 귀족처럼 느껴졌다.

 수많은 방을 넘나드는 사람들, 방을 같이 할 때, 느껴지는 훈기로 에너지를 얻는다. '방, 방' 뛰다보면 힘든 일도 분노도 다 잦아든다. 슬픔과 기쁨이 방에서 터져 나와 해소된다.

 '방 방' 뛸 수 있으면 '방, 방' 뜰 수도 있다. '방, 방' 뜨는 그날까지 뛰어보자!

4부

바람으로 살다

바람으로 살다

특급 태풍이 남해안을 관통한다는 일기예보를 들었다. 물에 젖을만한 짐은 모두 높은 곳으로 옮기고 벽에 걸린 화분도 안으로 들여놓았다. 창고와 토방의 문고리도 단단히 잠갔다. 태풍 매미 때 집이 물에 잠겼다는 소리를 들었기 때문이다. 이번 태풍은 매미보다 더 강하다고 하여 만약을 대비하느라 마을사람들은 부산하였다. 바닷가로 이사와 처음 맞는 태풍이라 두려움이 앞섰다. 너무 빨리 불청객을 맞게 된 셈이다.

한밤중이 되니 회오리바람 소리가 들렸다. 창문이 흔들리는 소리, 바람끼리 후려치는 소리, 하늘의 물을 한꺼번에 다 쏟아내는 빗소리, 나무가 뿌리 채 솟구치는 소리, 파도가 미쳐서 날뛰는 소리. 금방이라도 무엇이 무너질 것 같았다. 날카로운 쇳소리를 내며 바닷물이 금방이라도 집으로 밀려들 것 같았다.

 영화 '해운대'가 떠올랐다. 영화처럼 건물과 집이 둥둥 떠다녔다. 차도 가로등도 한꺼번에 다 쓸고 갔다. 바다 한가운데에 떠있는 나를 상상하니 무서웠다. 바람소리는 여태껏 한 번도 들어본 적 없는 괴성이었다. 해괴한 금속성의 고음을 길게 끌고 가다 무언가와 부딪친 듯 여기저기에서 부서지는 소리가 들렸다. 마치 이성을 잃고 울부짖는 악마의 비명과도 같았다. 밤새 서슬 퍼렇던 태풍은 통영에서 머뭇거리다 다행히 서해로 빠져나갔다. 뒷산의 계곡물과 만조인 바닷물이 아우성치며 한바탕 난리를 치고 나서야 끝이 났다.

 아침에 눈을 뜨니 햇살이 창문을 비추었다. 마당으로

나가니 지난밤에 아무 일도 없었던 듯 화창한 햇빛이 들어왔다. 간밤에 무서운 꿈을 길게 꾼 듯하였다. 몸소 체험하지 않았으면 태풍이 먼 나라 이야기처럼 들렸을 것이다. 마당은 다시 생기를 찾아 꽃들이 방긋방긋 웃었다. '코스모스'와 '범의 꼬리'의 줄기가 휘어지거나 목이 꺽였지만 꽃은 그대로 피어있었다. 고난을 이겨낸 자들만이 살아남는 갯바위의 조가비처럼 꽃들은 제자리를 지켰다. 매몰찬 비바람에도 꽃은 한낱 여리고 어여쁜 꽃으로만 머물지 않았다. 꽃은 물러서지 않고 그런 순간을 이겨내었다.

태풍이 지나간 바닷가를 걸었다. 도로는 바다가 퍼다 나른 돌멩이와 흙으로 가득했다. 잔물결이 일던 들판이 넘어진 벼들로 가득하였고, 방파제 옹벽에 금이 간 곳이 많았다. 옹벽 아래는 지하 땅굴을 판 것처럼 커다란 구멍이 보였다. 떠내려 온 부표와 나무들, 플라스틱 통과 잡다한 쓰레기들이 널브러져 있었다. 비가 많이 온 뒤, 멧돼지가 떠내려 온 적도 있다고 했다. 그중에 장독 두 개가 다소곳이 앉아있었다. 갑자기 쏟아지는 폭우에 바다 건너편 마을에서 떠내려 온 듯하였다. 어떻게 세찬 폭우에 깨어지지 않고 같이 있었는지 알 수 없었다. 장독은 누군가 집으로 데려다주기를 기다리는 것 같았다.

태풍이 곳곳에 수많은 상처를 내고도 하늘은 천연덕스럽게 웃고 있었다. 소름끼치는 파괴 본능은 순식간에 사라지고 뭉게구름으로 기와집을 그리고, 낙타를 탄 할아버지가 긴 꼬리를 이었다. 산들바람이 며칠 전과는 사뭇 달랐다. 싸아한 바람이 코에도 옷 속에도 기분 좋게 스며들었다.

바다를 가까이에 둔 사람들은 바람을 읽는다. 해마다 풍어제를 지내며 신을 달랜다. 노여움을 푸시고 '우순풍조雨順風調', 비가 순하고 바람을 고르게 불어 주십사하는 뜻으로 정성스럽게 제사를 지낸다. 바람을 거스르지 않고 순응하며 마음을 다스린다.

바닷가에 사는 사람들은 무서운 태풍을 겪으면서도 바다를 떠나지 않는다. 사람들은 이곳을 떠나지 않고 평생

고기를 잡고 조개를 캐면서 바다와 같이 늙어간다. 소나무 껍질 같은 사람들의 손, 굽어진 관절은 바람을 헤아리는 일로 하루해가 짧다. 질곡의 시간들, 몸과 마음은 세월 따라 자연의 일부가 되었다.

 바람이 부는 방향만으로도 바람의 속내를 읽는다. 이웃들과 바람 같은 운명을 지고 서로를 의지하면서 살아간다. 바람이 거칠게 불때마다 스스로를 달래어 본래의 평화로움으로 돌아오리라 믿으며 그 시간을 견디어낸다. 사람들은 바람을 거역하지 않고 바람을 안고 살아간다.

넝쿨

 넝쿨이 뾰족한 발톱으로 오리나무를 탄다. 나무에서 나무로 옮겨 다니며 때로는 가지를 감아올리기도 하고 무성한 잎으로 덮어버리기도 한다. 온몸을 바짝 붙여 암벽을 기어오르며 비바람에도 좀처럼 끄떡하지 않는다. 넝쿨의 거침없는 행보에 나무들은 겁에 질려있다. 마치 거미가 비단 같은 실을 게워 내어 먹이를 잡아먹는 것처럼 야금야금 끊임없이 자신의 땅을 넓혀 간다.

 큰 나무 잘난 나무에 치여 눈치 보느라 바짝 야위고 말

랐지만 강단이 있어 보인다. 어디라도 붙어 살아가는 넝쿨을 보면 생명의 집착이 질긴 듯 해 연민마저 느껴진다. 자신의 힘만큼 뿌리내릴 일이지 옆의 나무까지 못살게 군다. 진액은 뿌리에 모아두고 그 나머지 힘으로 여기저기를 기웃거린다.

　담쟁이가 동네 중학교의 높은 담벼락을 수놓았다. 앙증맞은 손가락으로 파랗게 공간을 메우다가 싫증나면 빨갛게 물들이기도 한다. 겨울이 깊어져도 좀처럼 담장이는 떨어질 생각을 하지 않는다. 차가운 벽에 붙어 그곳이 자신의 보금자리라고 생각하며 추위에 얼고 피멍이 들어 푸르스름하다가 다시 보랏빛으로 변한다.

　빛바랜 건물의 외벽에도 폐가의 돌담에도, 담쟁이는 영역의 한계가 없다. 몸 어디라도 땅에 닿으면 싹을 틔워 세상에 나온다. 시멘트벽을 비집고도 고개를 내민다. 아무도 돌아보지 않는 낡고 침침한 곳에 곧잘 살아있다. 담쟁이의 표적이 되면 근처의 장애물은 꼼짝없이 갇히게 된다. 그들의 무서운 흡착력은 다른 나무들을 무기력하게 만든다. 상대의 몸을 휘감아 자신의 몸을 얹어 힘을 덜기도 한다. 그렇게라도 살아남기 위한 그들만의 자구책이다.

짐승에게도 몸을 숨길 수 있는 카멜레온 같은 변신을 꾀할 수 있는 보호색을 쓸 수 있도록 하였다. 짐승이나 새들도 끔직한 모성본능을 가지고 있어 새끼들도 살아갈 수 있는 권리를 받아 태어나지 않았는가. 이 세상에서 산다는 것은 더 이상의 설득력 있는 일이 없는 것인지도 모르겠다.

한여름을 시원한 그늘로 만들어 주는 등꽃은 짙은 보랏빛 암내를 피우며 탐스럽게 꽃송이가 매달린다. 갈퀴 같은 발톱으로 다른 나무가 얼씬 못하게 하고 사람들의 사랑을 독차지한다. 그 내면은 치열한 영토의 분쟁이 있었건만 등꽃은 화사한 미소로 사람들에게 쉬어갈 자리를 제공한다. 터질 듯한 꽃망울 뒤에 숨어 있는 이중성이랄까.

사람들의 발길이 닿지 않는 산 속은 넝쿨의 거침없는

행보로 무 질서한 곳이 많다. 길은 보이지 않고 작은 짐승들이 잡초나 넝쿨에 발목이 걸리기도 한다. 새들이 둥지를 틀 때 넝쿨이 나무를 휘감고 올라오기도 한다. 새들은 그들을 피해 새 보금자리를 찾아 둥지를 떠나기도 한다. 나무꼭대기에 보금자리를 잡아보지만 그곳까지 쫓아오는 그들 때문에 발붙일 때가 없다.

작은 나무나 야생초의 목을 조이는 그들을 제거하려는 사람도 있다. 더 이상 내버려둘 수 없는 일이다. 사람과의 관계에서도 정직하게 살아가는 사람이 있는가 하면 불법과 편법으로 살아가는 사람도 우리사회에는 많이 있다. 치외법권의 세상이 자연의 세계에도 있다.

땅속에 몸을 묻고 있는 향기 짙은 뿌리, 향기는 곧 약효일수도 있다. 그 향기를 가지기 위해 주변의 수액을 가로채는 인삼 같은 약초 일게다. 인삼은 한번 재배하고 나면 다른 토양으로 옮겨 심는다고 한다. 그래서 새로운 땅의 기운을 받아 응축된다. 향기를 모으는 일도 다른 식물의 기운을 가로채는 일일 수도 있다.

넝쿨이 악착같이 살려고 주변을 힘들게 하는 때가 많다. 작은 발자국에도 생사가 달린 미물이 있다. 여러 겹의 가지가 겹친 줄기는 강인한 생명력을 느끼게 하지만 때로는 섬찍하다. 남의 구역에 대한 예의가 없기는 넝쿨만의 일일까!

먹는다는 것

 초등학교 시절, 학교에서 돌아오면 천장에 매달린 커다란 철사 소쿠리가 먼저 눈에 띄었다. 바람에 일렁이는 소쿠리에 강낭콩이 듬성듬성 박힌 막걸리 빵이 나를 기다리고 있었다. 소쿠리에 담긴 다섯 조각난 막걸리 빵이 유일한 우리 형제들의 간식이었다. 볼록하게 부풀어 오른 빵이 삼베 보자기를 살포시 쓰고 구수한 냄새를 풍겼다. 툇마루 입구에다 가방을 내동댕이치고 걸상을 디디고 올라가 큰 빵을 고르려고 이것저것 만져보지만 크기가 비슷하였다.

그때, 나는 핸드볼 선수로 뛰다보니 훈련을 마치고 나면 배가 많이 고팠다. 어떨 땐 집에 걸어갈 힘도 없었다. 주저앉을 것만 같은 허기를 느끼던 중에 엄마가 만들어 놓은 빵은 눈을 번쩍 띄게 했다. 막걸리 냄새가 살짝 나면서 쫀득하고 달콤한 맛은 어느 고급 빵으로도 비교될 수 없는 맛이었다. 집에 아무도 없을 때는 한 개 더 먹어야겠다는 유혹을 떨쳐버릴 수가 없을 때도 있었다. 오등분된 빵을 더 많이 먹을 수 있는 방법이 없었다. 빵의 아래쪽을 표시 나지 않게 떼어먹었다고 생각했지만 맨 마지막에 먹은 동생이 울고불고 난리가 났다. 제몫이 줄어들었다는 것을 눈치 챈 것이다.

먹는 것에 예민하였던 막내 동생은 외출하고 돌아온 누나나 형의 가방 속을 샅샅이 뒤졌다. 혹여 먹던 과자부스러기라도 남았는지 눈을 크게 뜨고 조사하곤 하였다. 우리 형제들은 커서도 막내 동생 때문에 빈손으로 집에 올수가 없었다. 중학생이 되어서도 초등생들과 노는 동생을 보면서 막내는 철이 늦게 드는 아이라고 생각했다. 골목입구에서 나를 기다리던 동생은 딱지치기나 구슬치기를 하다가도 잽싸게 따라 들어왔다. 혹여 내가 국화빵이라도 사 왔을까 싶어서였다. 때로 빈손으로 들어오면 못내 아쉬워 가방 속을 몇 번씩 손을 넣었다가 뺐다가 하였다.

 막걸리 빵을 자주 먹던 때가 밀가루를 원조 받던 시절이었다. 쌀보다는 밀가루가 흔하니 분식장려에 열을 올리던 때이라 국수나 수제비를 많이 해먹었다. 하루에 한 끼는 꼭 밀가루 음식이었다. 밀가루로 국수를 바꾸어먹기도 하였다. 비록 쌀밥이 아닌 보리밥이지만 그래도 밥을 먹는 것이 훨씬 좋았다. 푹 삶은 보리밥을 미리 한소쿠리 해놓고 보리쌀을 깔고 쌀은 한주먹정도 얹어 밥을 하면 밥물에 섞인 쌀은 어디로 갔는지 찾기도 힘들었다. 자연히 할머니부터 아버지까지만 쌀이 그나마 섞인 밥이었다. 쌀밥은 집안의 서열을 구분하였다. 지금도 국수나 수제비는 가끔 별미로 먹지만 밥보다 반가운 음식은 되지 못하는 것이 그때 질렸던 모양이다.

먹기 위해서 사는 것인지 살기위해서 먹는 일인지 구분이 가지 않았다. 어쨌든 먹는 일이 절실한 때였다. 스스로가 챙기지 않으면 자기 몫이 없다는 것을 알기에 우리 형제는 오분의 일의 공식을 철저히 지켰다. 산다는 것에 대한 깊은 의미는 모르지만 먹는다는 욕구가 어떤 것인지는 자연스럽게 습득되었다. 공정한 분배는 원칙을 깨지 않아서 좋았다. 그래야만 모두가 편안하게 먹을 수 있었기 때문이다.

맛있는 음식을 떠올릴 때면 할머니와 엄마가 생각난다. 잎이 노랗게 물든 콩잎을 짚으로 한 묶음씩 묶어 된장 속에 넣어두면 된장의 구수한맛이 간장과 어울려 맛깔스런 밑반찬이 되었다. 보드랍고 얄삭한 콩잎은 된장 속에서 숙성되어 한 잎 씩 밥 위에 얹어먹으면 짭짤하여 밥이 금방 목구멍으로 넘어갔다.

외갓집에서 먹었던 배추전은 넓적한 배추 한 잎 놓고 묽은 밀가루 반죽을 끼얹은 지짐이었다. 그 평범한 전이 왜 그렇게 맛있었는지 요즘도 가끔 옛날 생각하며 해먹어보지만 그 맛이 나지 않는다. 늙은 호박오가리를 가을에 말려두었다가 가마솥에 채반을 얹어 쌀가루에 호박오가리를 섞어 만든 호박떡은 지금도 눈에 선하다.

먹는다는 것이 얼마나 숭고한 일이었는지 지금 생각해보면 먹는 것을 위협받지 않는다는 사실만으로도 여유가 생긴 것이다. 모든 것이 너무 풍부하여 다른 고민이 더 많아진 듯하다. 부족함에 대하여 감사해야 할 것 같다. 부족하기에 인생을 진지하게 받아들이게 되는 것 같아서다. 욕심을 지우기보다 부족함을 채우는 것이 훨씬 뿌듯했을 것이다.

칠천도

 시월의 마지막 날을 보낸다고 분위기 있는 카페나 커피집은 앉을 자리가 없다. 떠나가는 계절이 아쉬워 카푸치노 한잔을 마주하니 가을에는 편지를 쓰겠다던 친구가 그립다. 가을비가 제법 많이 추적거리더니 갑자기 겨울처럼 싸늘한 추위가 옷깃을 파고든다.
 이 가을에 거제도에 있는 칠천도를 꼭 가보고 싶었는데 탐방이 있어 마침 잘된 일이다.
 칠천도 연육교 위에 서니 짭쪼름하면서도 상큼한 해조

음 내음이 코끝을 스쳤다. 작년에 친구에게 선물 받은 코발트빛깔 머플러가 칠천도의 물빛과 잘 어울렸다. 섬 안쪽으로 몇 걸음 옮기니 이정표가 보였다. 그 뒤편으로 곡선이 유연한 산세가 마치 사람이 두 팔을 벌리고 어서 오라며 반갑게 여행객을 맞아주는 듯했다.

대나무 숲이 푸르게 어우러진 옥녀봉에서 내려다보는 바다는 기상 충전하였던 칠천전투를 떠올리게 하였다. 임진왜란 때, 우리 수군의 유일한 패전으로 기록된 칠천량 해전이 벌어졌던 곳이다. 관객 이천만 명을 동원한 영화 '명량'으로 인하여 칠천량 해전이 다시 역사적인 재해석을 하게 되었다.

수많은 조상들의 목숨을 안은 칠천도는 이곳을 찾는 순간, 일렁이는 파도 한 점 없이 호수처럼 고요하였다. 구불구불 휘어진 도로를 따라가면 청자 빛 고운 바다가 내려다보이는 칠천량 해전 공원전시관이 나지막한 봉우리 정상에 자리 잡고 있었다. 판옥선 형상으로 지어진 전시관은 해전의 지난 시간을 반추하며 역사의 유장함을 알려주었다.

 칠천도는 우리민족들의 애환이 그대로 스며든 곳이다. 왜구의 끊임없는 침략에 칠천도사람들의 가슴은 바다보다 더 퍼렇게 멍이 들었는지도 모를 일이다. 피바다로 만든 전쟁의 상흔이 물들었지만 칠천도의 비경은 조금도 변함이 없었다. 다리가 생기고 관광객이 드나들면서 어촌의 분위기에서 조금은 문화적인 모습으로 바뀌었다.

 단풍으로 물들어 가는 순환의 원리, 우리의 인생도 자연의 빛깔 그대로 살아간다. 바다에서 살아간다는 것은 수많은 속울음을 감추고 세월을 견디어내는 일일 것이다. 바람이 불면 바람을 피하고, 해일이 일면 해일이 지나가기를 간절히 기원하는 마음으로 하염없이 기다리는 것이다. 섬에서 산다는 것은 끊임없는 기다림과 인내의 연속이다.

 바다에 나간 남편을 기다리고 아버지를 기다리는 섬사람들, 집으로 돌아오는 통통배 소리가 들리지 않으면 가족들의 마음은 불안해진다. 그래서 섬에서 사는 사람들은 기도가 일상적인 생활이 된다. 자연에 순응하며 살다 보니 세상살이도 거스르는 법 없이 둥글둥글 흘러간다. 척박한 삶도 부족한 것도 안으로 삭이며 살아왔다. 그동안 칠천도를 지켜온 조상들이 있었기에 후손들이 칠천도를 찾아와 낭만을 즐길 수 있게 된 것이다.

칠천도의 지명은 고려시대부터 내려오는 이름으로 옻나무가 많고 물이 좋아 옻이 강으로 흐른다는 뜻이라고도 하며, 일제강점기에는 일곱 개의 강이 흐른다는 뜻으로 불리었다고 한다. 수산업보다 농업이 더 많았다는 칠천도사람들은 크고 작은 수산회사와 대우조선과 삼성중공업이 거제에 입성함으로 삶의 방향이 달라지기도 하였다. 전쟁으로 인한 역사의 굴곡과 삶의 애환이 아프도록 스며든 칠천도 바다는 늦은 가을빛을 그대로 담고 있었다.

반짝이는 은빛 학꽁치를 내보이며 낚시의 즐거움에 흠뻑 빠져있는 강태공들을 보면서 칠천도의 하루가 저물어갔다. 손님이 없어 선착장에 서 있는 크루즈유람선 두

척이 바다를 즐기는 사람들을 유심히 바라보고 있었다. 스쳐지나가는 사람들의 왁자지껄한 웃음소리가 반짝이는 햇살처럼 바다로 흩어졌다.

 칠천도에는 시간이 멈춘 듯, 집으로 돌아가야 한다는 것을 가끔 잊게 했다. 바스락거리며 밟히는 낙엽소리를 들으며 한숨에 달려온 역사의 뒤안길에서 삶의 진한 향기가 물씬 느껴졌다. 가는 길에 짙은 에스프레소 한잔을 마셨다. 살며시 밟고 지나온 칠천도에서의 시간을 기억하고 싶었다.

영화 '지니어스'

　영화 〈지니어스〉는 1929년 뉴욕의 스크라이브너스 출판사의 편집자 '퍼킨스'가 작가 '토마스 울프'를 만난 이야기를 담고 있다. 퍼킨스는 모든 출판사에서 거절당한 '토마스 울프'의 원고를 읽으며 그의 매력에 빠지게 된다.
　화려한 문체의 감성과 냉철한 편집자의 열정으로 탄생한 '토마스 울프'의 데뷔작 '천사여 고향을 보라'는 출판하자마자 베스트셀러가 된다. 파괴적인 삶의 방식으로 글을 쓰는 토마스 울프에게 퍼킨스는 문장을 절제하는 편집가의 역할이 되어준다. 퍼킨스가 편집한 책으로 헤밍웨이는 노벨문학상을 받았고 핏츠제랄드는 유명 작가가 되었다. 퍼킨스는 작가를 발굴하는데 뛰어난 감각을 가지고 있었다. 편집과 출판의 역할에서 편집자의 실력은 작가 이상으로 탁월한 능력을 가지고 있는 경우가 많다.

 자유로운 방식으로 살아가는 울프와 절제된 삶을 상징하는 퍼킨스의 대조가 흥미롭다. 이들은 서로 대비되면서 각자의 결핍을 채워주는 존재가 된다. 작품을 퇴고하면서 두사람은 격렬하게 부딪힌다. 퍼킨스는 울프의 원고에 있는 수많은 문장을 과감히 쳐낸다. 이 편집 과정은 작문을 가르치고 배우는 도제관계를 떠올리게 한다.

 울프와 퍼킨스는 소설의 편집을 통해 삶의 완성으로 다가 간다. 글을 쓴다는 것이 얼마나 많은 인내와 몰입을 요구하는지, 삶의 방식마저도 바뀔 수 있었다. 울프가 유명 작가가 되게 한 연인인 엘프에게 무관심하면서 불화를 일으킨다. 울프는 퍼킨스의 회사에서 살다시피한다. 퍼킨스 역시 가족과의 휴가를 포기하며 일에 몰입한다.

미친 듯이 글만 쓰는 토마스 울프가 무엇을 위해 글을 쓸까 하는 생각을 하게 한다.

글을 쓰는 이유는 삶을 성찰하고 자신의 내면을 치유하기위해서, 혹은 자신을 반성하고 자아발견을 위해서, 아니면 좋은 책을 내어 사람들에게 공감을 주어 사회적인 정서를 만들어 주고 싶어서라고도 한다. 수많은 작가들은 베스트셀러 작가를 꿈꾼다. 그러기위해서 독서와 습작을 해야 하고 경험과 사고의 폭을 넓혀야한다. 글쓰기는 뼈를 깎는 노력과 인생의 깊은 사유가 있어야 한다. 그런 걸 인식하면서도 겉으로만 맴도는 나 자신도 글 쓰는 사람으로서의 자세가 전혀 되지 않는다는 걸 안다.

토마스 울프는 자신의 인생에서 글을 쓰기위한 것만 의미가 있다. 가족도 그 무엇도 그의 창작열을 앞설 수는 없었다. 그의 정열은 창작의 원동력이었고 합리적이지 못한 가정생활과 사회생활은 불규칙적인 삶으로 이어졌다. 편집자인 퍼킨스는 그의 넘치는 문장의 횡포를 걷어내고 문학적 감각으로 베스트셀러 작가로 거듭나게 하였다.

 작가에게 편집은 아주 중요하다. 한 번 만에 좋은 글을 만들 수는 없다. 여러 번의 퇴고를 거쳐 좋은 글이 만들어진다. 글을 쓴다는 것이 점점 더 어려워진다. 어느 예술도 마찬가지이지만 글쓰기도 수많은 노력과 열정이 합쳐져야만 되는 일이다. 감성만으로 글을 쓸 수는 없다.

 토마스 울프는 모든 가치기준을 글에만 두고 가족과 주변사람들을 무관심하게 방치하였고, 사랑하는 연인과의 소중한 관계도 깨뜨렸다. 그의 열정과 영혼이 소설에 집약되어 사회생활과 가정생활이 원활하게 이루어지지 않았다. 그는 문학을 위해서만 자신이 존재한다고 믿었고 그로인해 완성되지 못한 작품에 대하여 끊임없이 갈등하였다. 현실과 문학, 어느 하나도 소홀히 할 수 없는 고뇌를 생각하게 한 영화였다.

 문학만이 '토마스 울프'를 웃게 하였고 집중하게 하였다. 문학만이 그를 존재하게 하였고 인생의 처음과 마지막이었으며 그의 전부였다는 것을 뼛속 깊이 느꼈다.

막걸리

 시골길에 이층 목조양조장이 눈에 띄었다. 옛날에 있던 양조장을 상상하며 들어가 보았더니 문 닫은 지 오래된 듯, 헛간처럼 어지럽혀 있었다. 막걸리를 담았을 큰 독이 몇 개 있었고 누룩을 걸렀을 채반이 아무렇게나 뒹굴어져 있었다.

 어릴 때 동네 막걸리 집은 간판도 없었다. 삐거덕거리는 문짝이 금방이라도 떨어질 것만 같았다. 술에서 나는 발효냄새와 막걸리 집 할머니의 젖은 눈이 떠오른다. 막걸리 집 앞을 지나면 가끔 할머니의 넋두리가 새어나오곤 하였다. 할아버지는 돌아가시고 유복자인 아들과 살고 있었다. 할머니는 막걸리를 팔면서 생계를 이었다. 가끔 혼자서 술을 마시는 사람도 있었고, 누군가 할머니와 같이 마주앉아 술을 마시고 있을 때도 있었다. 막걸리 집에서는 늘 축축한 곰팡내와 시어빠진 김치냄새가 났다. 할머니의 인생이 막걸리 속에서 발효되어 시름과 한을 담고 있었다. 변두리의 허름한 막걸리 집은 삶의 짐을 부려놓고 잠시 쉬어 가는 곳이었다고나 할까. 아버지의 심부름으로 주전자를 들고 막걸리를 사러 가던 문지방 낮은 집이 그립다.

조금 넓은 길에 나가면 대폿집이라고 쓴 집도 있었다. 창문에 붉은 글씨로 쓰여진 왕대포라는 간판도 있었다. 왜 하필이면 대폿집이라 했을까. 그 이유는 알 수 없었다. 술을 먹고 대포처럼 시원하게 터뜨리라는 주문이었던 걸까. 아니면 배짱 좋게 왕 대포처럼 살라는 것이었을까.

젊을 때부터 아버지는 정치에 발을 들여놓으셨다. 선거에 출마하였지만 마음먹은 대로 잘되어주지 않았고 남은 것은 생활의 다급함만이 가로놓여 있었다. 밥 먹고 살만하면 다시 정치와 손을 잡으셨다. 누군가 정치는 마약과 같은 것이라 한 것처럼 그 마약을 끊지 못하셨던 것 같다. 집안에 파동을 겪을 때마다 나의 막걸리심부름은 잦아졌다. 목적을 이루지 못했던 아버지의 울분이 술로 옮겨갔던 것 같다.

즐거울 때보다 슬플 때 먹는 것이 술이라는 것을 보아온 나로서는 지금도 막걸리를 보면 탁하고 걸쭉한 액체에서, 막걸리를 파는 할머니에게서, 또한 아버지의 버리지 못했던 꿈을 만나곤 한다. 아버지는 그 시대에 비추어 볼 때, 다른 이들과 비해 좋은 조건을 갖추었기에 주변사람의 기대에 어긋나지 않은 사람이 되고자 부담을 지고 사셨던 것 같다.

아버지께서 선거에 낙선했을 때 우리 집은 초상집처럼 무거운 한숨이 짓누르고 있었다. 그 누구도 아버지의 위안이 되어줄 수는 없었다. 오직 술만이 아버지의 패배를 삭히는 듯했다. 아버지의 술은 슬픔과 비애를 다독이는 반려자였다. 아버지를 집요하게 물고 늘어지던 정치 지향적인 삶은 우리 가족에게는 고통과 부질없는 환상으로만 비쳤을 뿐이었다. 아버지를 통하여 인생은 쟁취하는 것보다 일구어 가는 것이라는 생각이 들었다.

 더 할 수 없이 자식에게 약했던 아버지였다. 겉으로는 근엄하셨지만 안으로는 자상한 아버지였다. 그런 사랑을 느꼈기에 우리 형제들은 아버지를 원망하거나 미워할 수 없었다. 당신이 모든 것을 잃고 난 다음에 제자리로 돌아오셨다. 그때야 편안하게 아버지로 느껴졌다. 가족들은 평범한 아버지를 원했다.

 아버지는 꿈을 펴고자 온 힘을 다하셨지만 끝내 그 꿈을 펼치지 못했다. 재산을 많이 날리고 우리 가족들은 쉽게 일어서지를 못했다. 투지는 대단하셨지만 결과적으로 많은 대가를 치렀다. 주어진 대로 살아왔다면 안락함 이외는 느끼는 것이 없었을는지 모른다. 흐르는 것도 인생이지만 거스르는 것도 인생이지 않은가. 텁텁하고 시큼한 막걸리 맛이 아버지의 인생인 것 같다.

  매끄럽지 못한 아버지의 인생이 막걸리처럼 발효되어 기억 속에 고여 있다.

스쳐 지나가다

 비가 오는 날, 경부선에 몸을 실었다. 창밖에 보이는 낙동강 물결이 조약돌처럼 반짝였다. 강물은 그 어느 때보다 부드러운 표정이었다.

 끊어질 듯이 이어지는 산길, 물금, 삼랑진으로 가는 도로가 꿈결처럼 보였다. 길은 구불구불 허리를 접으면서 사라졌다가는 다시 나타나고는 했다. 코앞에 닿는 산보다 저 만큼에 보이는 산이 더 푸르렀다. 나무는 비 오는 날 많이 자랐다.

뚜렷한 목적 없이 집을 나서면 작은 바람 하나에도 의미를 두게 된다. 눈앞을 스치는 모습 하나 하나가 선명하다. 정거장의 역무원 아저씨도 새롭게 보이고, 보퉁이를 든 할머니도 정겹게 보였다.

옆 좌석에 앉는 사람이 누구인가 은근히 궁금했다. 마침내 옆자리의 주인이 앉았다. 여대생으로 보이는 아가씨의 핸드폰이 진동음을 울렸다. 남자 친구인 듯한 상대편과의 대화가 나긋나긋하고 애교스러웠다. 새의 깃털마냥 목소리가 나풀거렸다. 해가 떠오르면 살포시 꽃잎을 접는 나팔꽃처럼 부드러우면서도 촉촉한 목소리였다. 아가씨의 목소리에서 따스한 성품을 느끼게 했다. 교양에는 외모보다 목소리가 더 큰 역할을 하는 것 같다.

새벽부터 내리는 비 때문에 늦잠을 자고 있을 때, 한 통의 전화를 받은 적이 있다. 왠 남자가 아무개 아니냐고 물었다. 순간적으로 나는 잘못 온 전화라고 생각하며 단잠을 깨우지 말라는 어투로 어디에 전화를... 하려는데 동창생 누구라고 이야기하는 것이 아닌가. 아뿔사! 목소리 가다듬고 정신을 차렸지만 뭔가 들켜버린 것 같았다.

나는 목소리에 대한 콤플렉스가 있다. 잠에서 덜 깬 텁텁한 소리를 밀어내고 감기가 걸려서 그렇다는 변명까지 했다. 동창생의 목소리는 중후하면서도 조용했다. 그 목소리는 비 오는 날의 분위기와 잘 어울렸다. 목소리가 사람의 마음을 동요시킨다는 것을 그전에는 느끼지 못했었다.

기차 유리창을 통하여 비치는 사물들은 경치도, 사람도, 세월도, 한낱 차창에 비친 작은 화면이다. 차창 밖의 풍경은 다시 돌아오지 않는 풍경이 되어 지워져 갔다. 사람들은 그 속에서 죽어라 뛰어 다닌다. 슬픔과 기쁨을 이야기하며 산다는 것에 대한 우월과 자만에 빠지기도 한다. 그 많은 진실을 하나도 잡지 못한 채 과거로, 추억으로 사라져 버린다.

삶의 울둘목에서 가끔 지난날을 돌아보게 된다. 스쳐가는 인연들과 헤어지기도 하고 매듭을 만들기도 한다. 때로는 풀리지 않는 매듭으로 인하여 물살에 실리어 방

류되기도 하고, 허우적이기도 한다. 스쳐 가는 것이 그냥 지나가는 것만은 아닌 듯하다. 인연은 명주실 같은 곱고도 가녀린 실타래를 풀어놓는 것 같다. 여리지만 질겨 좀처럼 끊어지지 않아 꽁꽁 묶여버릴 때도 있다. 그냥 스쳐 지날 것은 지나가야 한다.

 나도 모르게 스쳐지나간 것들. 그러나 종국에는 나의 삶 언저리에서 다시 만나게 될지 모른다. 기차 속에서 목소리 고운 아가씨를 만나듯, 나의 잠을 깨우던 달콤한 목소리를 지닌 동창생이 사십 년이나 지난 지금에 와서 마주치듯, 크고 작은 인연들이 내 곁을 스쳐 지나갔듯이 앞으로도 그럴 것이다.

 아무 생각 없이 나를 스치고 지나갔던 모습들. 언젠가 나와 다시 대면하기 위하여 그때의 기억 그대로 내 주위에서 머뭇거리는지 모르겠다. 어쩌면 스쳐 지나간 그 모습이 아름다웠던 것임을 조금씩 알게 된 지금, 지나가는 것은 지나가고 남는 것은 남아 있어야 하는 것, 그것이 자연스런 일이다. 어느 가수의 노래가 생각났다.

그대의 아픈 기억들 모두 그대여

그대 가슴 깊이 묻어버리고

지나간 것은 지나간 대로 그런 의미가 있죠

떠난 이에게 노래하세요~

지심도에 빠지다

 섬의 모양이 마음 心과 같이 생겼다 하여 지심도知心島라 한다. 눈이 시리도록 청정한 바다를 내려다보니 마치 수심이 보이는 듯하다. 저 맑게만, 순수하게 보이는 바다가 깊은 아픔을 안고 얼마나 많은 고통을 숨기고 있는지, 얼마나 더 깊은 곳으로 내려가야 고요히 흐를 수 있을까.

 일본의 해군병참기지로 사용되었던 지심도는 지금도 우리나라 해군에서 관리한다. 터널을 이루는 동백나무

숲은 일본의 분위기가 아직 가시지 않았다. 섬을 떠날 수밖에 없었던 지심도 사람들의 설움이 곳곳에 서렸던 곳, 다시 그들이 고향으로 돌아왔고 섬이 좋아 정착한 사람들이 지심도를 정성들여 가꾸고 있었다. 맹종죽이 섬을 병풍처럼 가리고 섰다. 아픈만큼 흔들리며 살아온 섬 나무들, 대숲 길을 걸을 때마다 바람소리가 팽팽하다.

섬은 나에게 언제나 소설이나 영화에 나오는 낭만적인 배경으로 떠오른다. 그것은 바다와는 거리가 먼 도시에서 살았던 때문일 것이다. 나의 환상 속에는 사랑하는 사람을 잊기 위해서 찾는 곳도 섬이고 새로운 인연이 만들어지는 곳도 섬이었다. 섬은 육지 사람에게는 동경의 대상이고 신비로운 곳이다.

오랫만에 지심도를 찾았더니 달라진 것이 많았다. 민박집이 펜션으로 바뀌었고 작은 카페와 커피집도 생겼다. 소박한 섬마을이 관광지가 되어 버렸다. 예전에 묵었던 민박집에 들렀더니 우물이 없어졌다. 두레박으로 물을 길어 올려 몸에 끼얹었을 때의 시원함을 생각하면 더

위가 한꺼번에 가시는 듯 했다.

민박집이 모여 있는 곳을 따라 가면 '마 끝' 마을이 나온다. 경상도 말로 마, 치워라 하는 말처럼 마, 끝났다는 뜻이 아닌가 싶다. 인고의 세월을 가슴에 품어 안은 주름진 바위와 그 옆에 키 큰 해송이 하늘을 이고 있는 고즈녁한 언덕, 넘실대는 파도는 쉴새없이 포말을 일으키고 부딪치며 다시 돌아온다. 새하얗게 뼈만 남은 고사목이 하늘을 향해 고개를 젖히고 있다. 길게 뻗은 오솔길 사이로 하얀색 털에 검은 무늬가 있는 고양이 한 마리가 사람들 뒤를 쫄랑거리며 따라간다.

낚시를 좋아하는 남동생이 나이가 들어 여유가 좀 생기면 섬에 가서 살고 싶다고 했다. 작은 통통배 한척 사서 마누라 매운탕집하면 고기 잡아 대주고 밥상에 생선 떨어지는 날 없이 밥 먹고 사는데 지장 없다고 입버릇처럼 이야기 했다. 한창 동생이 낚시에 심취했을 때, 제일 기억에 남는 곳이 지심도였다.

막내 남동생이 가자는 데로 이끌려 형제들과 지심도를

찾았다. 그때는 지금처럼 현대식 집도 없었다. 그날따라 유난히 더운 여름철이라 선풍기를 돌리지 않고는 견딜 수가 없는 날씨였다. 세 사람이 누우면 꽉 차는 좁은 방에 선풍기는 달랑 한대밖에 없었다. 민박집이 귀해 주인 할머니께 뭐라고 항의할 입장도 아니었다. 거기다 모기가 얼마나 거세게 달라 드는지 바다 모기가 독하다는 걸 그때 알았다. 모두들 모기에게 헌혈하느라 한숨도 자지 못하고 긁어서 온몸에 핏자국이 선명했다. 남동생만 잘 자고 일어나 멀쩡하였다. 모기도 바다 좋아하는 남동생을 알아보는 듯했다.

 이튿날 풍랑이 심하여 배가 뜨지 않는다고 하였다. 출근도 해야 되고 아이들 학원도 보내야 하는데 언제까지 잡혀있을지 알 수 없었다. 다행히 여기저기 수소문하여 작은 고깃배를 탈수 있었다. 아주 위험한 일이라는 걸 알면서도 그 배를 탔다. 배는 사람들을 잔뜩 싣고 파도치는 바다를 가로질렀다. 파도가 칠 때마다 배가 기울어져 바다 속으로 빠질 듯 했다. 배가 솟구쳤다가 물속으로 기울어질 때마다 공포감에 사람들이 비명을 질렀다. 목숨을 내놓고 배를 탄 아찔한 일이었다.

지심도에 붉은 동백꽃이 피고 지고 있었다. 꽃은 살포시 낙엽 속에 떨어지는가 하면 활짝 피기도하였다. 목을 떨군 동백꽃을 보니 휠체어 생활을 하는 막내 남동생의 모습이 보였다. 잠시 걸음을 멈추고 꽃을 주웠다. 꽃은 시들어진데 없이 깨끗하였다. 너무도 선명한 붉은 빛깔이 동생의 모습처럼 보여 마음을 아리게 하였다. 동생이 예쁜 섬으로 낚시를 갈 때면 우리와 같이 가고 싶어 했지만 같이 가주지 못한 것이 후회가 되었다. 지금도 형제들이 모이면 지심도 이야기를 하면서 한바탕 웃는다. 악몽도 세월이 지나고 나니 추억이 되었다.

먼 꿈을 마음에 품고 살아가다보면 꿈이 현실이 될 때가 있다. 내가 바다 앞에 살게 된 것도 내 마음속에 지심도가 있었기 때문일 것이다. 동생의 꿈을 대신할 수는 없지만 동생이 좋아하는 바다는 실컷 볼 수 있다는 생각에서다. 가끔 동생내외가 남해에 내려와 바닷가를 산책하기도 하고, 먼 바다를 한참동안 바라보기도 하면서 며칠씩 묵고 간다. 노을이 바다를 붉게 물들이는 해질녘, 동생이 탄 휠체어가 저만큼 바퀴를 돌리며 멀어지는 모습을 보면 내 가슴에 가득 검푸른 바닷물이 찰랑거린다.

후리지아 같은

 친구는 후리지아가 꽂힌 커피숍 창가에 앉아있었다. 내 모습이 변한 것처럼 친구도 예전의 얼굴이 아니었다. 수척해 보이는 얼굴에 지나간 세월이 깃들어 있었다.

 아파트 아래 위층에서 같이 살던 친구였다. 아침에 식구들이 나가고 나면 차를 마시면서 남편과 시댁 이야기를 하기도 하고 전날 저녁에 일어난 자질구레한 이야기를 하였다. 가끔 친구는 아이 자랑이랑 남편 자랑이 좀 심하여 은근히 짜증스럽기도 하였다. 통장에 얼마 있는 것까지 알 정도인데 자랑은 왠 자랑이냐 싶어 나는 입을 다물었다. 지금 생각하면 그럴 수도 있는데 그때는 듣기가 거북할 때가 있었다.

친구는 남편이나 아이를 향해 욕심도 많고 극성도 많이 부렸다. 지금은 자랑하는 것도 표현의 한 방법이라는 생각이 들지만 자랑이 서툰 나는 친구의 지나친 남편이나 자식 자랑이 못마땅했다. 자랑하고 싶으면 자랑하는 것이 오히려 자연스러운 일이다. 어쩌면 남에게 듣고 싶은 표현들이 자신이 가장 표현하지 못하는 부분이 아닌가 싶다. 지금 생각하면 그때, 친구의 자랑을 잘 들어주었으면 좋았을 것이다. 마음 놓고 베풀고 또 받는 것에 익숙하지 못했던 자신을 뒤돌아보게 된다.

친구의 자랑이 행복에 겨운 호들갑 정도로 생각했다면 이해가 되는 일이었을 것이다. 아마 속 좁은 나는 자랑할 것이라고는 없는 자신이 초라하여 자존심이 상하였던 것 같다. 헤어져 있던 시간만큼 그녀가 성숙하게 보인다. 예전보다 사려가 깊어지고 차분해진 것 같다.

내가 다른 곳으로 이사를 한 뒤에도 자주 만났다. 그러던 어느 날 여러 사람이 모인 곳에서 친구는 나의 자존심을 긁었다. 함부로 말하는 그녀가 서운하고 괘씸한 생각이 들었다. 서로가 덮어주어야 될 친구사이에 어떻게 그럴 수가 있는가 싶었다. 아무리 생각해보아도 있을 수 없다는 생각에 며칠을 고심한 끝에 친구와 절교를 선언했다.

가끔 사소한 일로 마음상한 적이 있었지만 좋은 점도 많은 친구였다. 지금은 어느 한 가지만 맞아도 친구가 될 수 있다는 생각이다. 내가 완벽하지 못하기 때문에 상대방에도 그것을 원할 수가 없다는 것을 알게 되었다. 아니면 살아가면서 그것을 터득했다고나 할까.

그 친구가 십년이란 세월이 흘러 전화가 온 것이다. 우리는 반갑게 지나간 이야기로 꽃을 피웠다. 그동안 만나지 못한 이유는 이미 아무런 의미가 없었다. 세월이 흐르고 난 뒤에야 자신이 잘못했다는 것을 알게 되었고 그동안 많은 사람을 사귀면서 그것을 깨달았다고 하였다.

나도 친구를 냉정하게 대했던 것을 보면 그때 받은 상처가 컸던 것 같다. 나 자신도 친구를 이해하지 못하고 십 년이란 세월을 잊고 산 것을 보면 나도 못된 면이 많은 모양이다. 가끔 친구가 보고 싶었지만 용납되지 않았다.

 친구와의 일로 내가 배운 것이 더 많은 것 같다. 사람은 살아가면서 상대적인 외로움과 허탈감을 가지는 경우가 많다. 말하지 않아도 스스로 위축되고 작아지기도 한다. 감싸주지 못하고 이해해주지 못했던 사람은 친구가 아니라 바로 나였던 것이다. 친구와 만나지 못했던 시간은 그런 것을 일깨워 주었다. 그녀를 스쳐온 삶이 행복만은 아니었는지도 모른다. 그렇다면 내가 시샘하여 친구의 행복을 방해하지는 않았나 하는 마음이 들었다.

 우리가 앉은 자리에 후리지아가 향기를 뿜으며 활짝 피어 있었다. 우리의 젊음도 한때는 후리지아처럼 화사했을 것이다. 화장하지 않아도 느껴지는 싱그러움 같은 것, 차려입지 않아도 풋풋한 그런 시절이었다. 다소 변하기는 했지만 예전보다 지금 그녀의 모습이 더 아름답게 보였다. 여유로움과 따뜻함이 어우러져 행복한 삶이 느껴졌다. 그녀에게서 은은한 후리지아 향기가 났다. 꽃은 지면 향기가 사라지지만 사람의 향기는 시간이 흘러도 지속되는 모양이다.

닭

 유년 시절, "꼬끼오!"하고 장 닭이 울대가 터져라 외치는 소리에 동네 사람들이 단잠에서 깨어났다. 장닭의 벼슬은 금방 선혈이라도 뚝뚝 떨어질듯 붉은 빛깔로 역동감이 흘러넘쳤다. 서릿발 같은 장 닭의 위엄은 그렇게 하루의 시작을 알렸다. 힘찬 닭 울음소리를 듣고 시골사람들은 잠에서 깨어나 서둘러 논밭으로 나섰다.

 방학이 되어 시골에서 사촌들과 하루 종일 뛰어놀다 잠이 든 나는 꿀맛 같은 단잠에 빠졌을 때 울어대는 닭 울음소리가 정말 싫었다. 장닭이 울어도 사촌들과 나는 잠을 더 자고 싶어서 서로 이불을 끌어당겼다. 닭울음소리가 난 뒤부터 쇠죽 끓이는 냄새와 아궁이에 불 때는 냄새가 났다. 아침상에 둘러앉아서도 잠이 덜 깬 우리들은 졸려 하품이 나곤 했다.

온 동네 사람들의 잠을 깨우던 장닭도 어디라도 날아갈 듯 날개를 푸덕여보지만 얼마못가 주저앉을 때가 있었다. 몸집에 비해 작은 발은 늘 뒤뚱거렸다. 닭은 쉬지 않고 죽어라 뛰어봐야 겨우 곡식낟알이나 벌레밖에 삼키지 못하였지만 잰걸음을 바둥거리며 분주하게 땅을 파헤쳤다. 물갈퀴가 있어 더 넓고 깊은 곳을 헤엄쳐보려 하였지만 그것도 쉽지 않았다. 그냥 땅을 후벼 파고 벌레를 갈퀴 속에 가두는 것으로 만족해야만 했다.

닭은 그날그날 제 밥그릇 챙기는 것만도 급급했다. 자고로 인간이나 짐승은 내일 먹을 것이 있어야 마음이 편한 법이다. 쌀통이 차있어야 다리를 뻗고 잠을 이룰 수 있는 것은 식솔을 거느린 가장의 책임감이다. 더 나은 곳으로 향한 갈망은 날지도, 헤엄치지도 못한 나의 모습과 닮았다. 어쩌다 눈먼 이익이라도 생길까봐 기웃거려보았지만 별로 소득이 없었다.

내가 애衰가 많다고 말하는 닭띠여서 그런지 잡다한 집안일로 늘 허둥지둥 닭처럼 여기저기 쫓아다녔다. 그러나 돌아오는 것은 다람쥐 쳇바퀴 돌 듯 제자리걸음이었다. 멀리 앞을 내다보지 못하여 그렇게 밖에 살수 없는 자신을 타박하기도 하였다. 제 앞가림도 하지 못하면서 오지랖만 넓어 세상고민 다 끌어안고 살던 때도 있었다. 닭처럼 소란스럽기만 할 뿐, 실속 없는 일상이었다.

닭의 발바닥을 보면 사람들의 손금처럼 선명하게 그어진 손바닥모양이다. 닭은 날카로운 발톱으로 땅을 움켜잡으며 집안은 물론이고 주변 밭과 옆집 밭까지 쫓아다니며 흙을 후벼 팠다. 가끔 곡식을 마당에 널어놓는 날이면 집집마다 닭을 쫓느라 바빴다. 닭의 발은 투박해 보이지만 보이지 않는 빨판이 있어 예민하다 가시밭길도 포근한 풀밭도 깊숙이 감지한다.

사람들의 발도 삶의 체감온도를 절실하게 느끼게 하는 부분이다. 발은 본능적으로 앞으로 나가게 되어있어 선택의 여지없이 삶의 무게를 실어 날라야할 책임이 있다. 나의 발은 바쁘게 걷느라 하루가 짧다. 총총걸음으로 울퉁불퉁한 바윗길과 유리처럼 미끄러운 길을 디디게 된다. 굳게 다져진 아스팔트와 콘크리트 계단을 수없이 밟으면서 발바닥에 불이 붙는 듯한 통증을 느끼곤 한다. 어차피 통과해야할 인생의 터널이 아니던가! 삶을 일으켜 세우는 것도 방향을 정하는 것도 발이 할 몫이다. 어디든 갈수 있는 것이 발이지만 갈 곳을 제어하는 것도 발이다.

 닭은 모가지를 비틀리고 털을 뽑히는 고통 속에서도 면면히 살아왔다. 지칠 줄 모르고 쫓아다니다 비 오는 날, 닭장에 모여 졸고 있을 때는 처량하게 보여 모이를 닭장 속에 뿌려주기도 하였다. 닭은 새벽을 깨웠고, 잠시도 쉬지 않고 삶에 진지했다. 또한 종종걸음으로 병아리를 몰고 다니는 암탉은 예쁜 알을 낳아 주었다. 어미닭을 졸졸 따라다니며 어미가 하는 대로 벌레도 먹고, 곡식도 먹었다.

 아낌없이 우리들에게 모든 것을 다 주었던 닭은 고달픈 운명선을 타고났지만 에너지가 충만하였다. 새벽의 꽁꽁 언 빙판을 깨뜨릴 듯한 카랑카랑한 목소리를 언제 들었는지 까마득하다. 닭을 보면 늘 생기 백배하여 뛰어노는 바쁜 발걸음이 보인다.

이 도서의 국립중앙도서관 출판예정도서목록(CIP)은 서지정보유통지원시스템 홈페이지(http://seoji.nl.go.kr)와 국가자료공동목록시스템(http://www.nl.go.kr/kolisnet)에서 이용하실 수 있습니다. (CIP제어번호:CIP2018042276)

김도우 수필집

노을이 내게로 왔다

인쇄일 | 2018년 12월 21일
발행일 | 2018년 12월 28일
지은이 | 김도우
펴낸이 | 최장락
펴낸곳 | 도서출판 두손컴(출판등록 제329-1997-13호)
　　　　부산광역시 부산진구 부전로35, 301호(부전동, 삼성빌딩)
　　　　T. 051-805-8002　F. 051-805-8045
　　　　E-mail. doosoncomm@daum.net

ⓒ 김도우 2018
값 13,000원

ISBN 979-11-88678-45-7　03810

* 저자와 협의에 의해 인지를 생략합니다.
* 잘못 만들어진 책은 바꾸어 드립니다.

본 도서는 2018년 부산광역시, 부산문화재단 지역문화예술 특성화지원사업으로 지원을 받았습니다.